LES

ARTISTES CÉLÈBRES

GÉRARD ÉDELINCK

PAR

LE Vte HENRI DELABORDE

Secrétaire perpétuel de l'Académie des Beaux-Arts
Conservateur honoraire du Département des Estampes
à la Bibliothèque nationale

PARIS
LIBRAIRIE DE L'ART
JULES ROUAM, ÉDITEUR
29, CITÉ D'ANTIN, 29

Vignette, d'après Watelé, pour l'ouvrage intitulé : *Joannis Comirii e Societate Jesu Carminum, etc.*

GÉRARD ÉDELINCK

AVANT-PROPOS

Depuis que la photographie et les perfectionnements continus des procédés qui en dérivent ont, en matière de reproduction pittoresque, popularisé le goût ou le besoin de l'effigie pure, de l'exactitude mécanique, fatale, pour ainsi parler, qui de nous n'a entendu dire, qui n'entend répéter chaque jour que la gravure n'est plus qu'un art suranné, un souvenir du passé sans écho dans le présent, un témoignage désormais inutile de traditions et de coutumes anéanties par le progrès? Comment se fait-il pourtant que les anciens produits de cet art si définitivement abrogé, à ce que l'on prétend, soient maintenant plus recherchés qu'ils ne l'ont été à aucune époque? D'où vient qu'on se les dispute dans les ventes publiques avec une passion que nos pères ne connaissaient pas, qu'en un mot, par le temps qui court, de confiance dans l'autorité du fait brut et de la vérité toute matérielle, on montre tant d'empressement à posséder des œuvres résultant en réalité d'un travail d'interprétation et nécessairement subordonnées par cela même à l'intelligence ou au sentiment de ceux qui les ont faites ?

Il y a là en apparence une singulière contradiction : au fond, tout se concilie et s'explique. Qui sait même ? Peut-être, aux yeux des partisans les plus déclarés de la photographie appliquée à la reproduction de modèles d'un certain ordre, la stricte mais inerte véracité inhérente à ce mode de fabrication a-t-elle pour effet d'en démontrer l'insuffisance au point de vue esthétique et de faire ressortir d'autant mieux les conditions privilégiées, les secrets avantages de l'art proprement dit ; peut-être ceux qui célèbrent le plus volontiers les bienfaits de la découverte due à Niepce et à Daguerre sentent-ils instinctivement qu'elle ne saurait satisfaire à tout, et que, si féconde qu'ils la jugent et qu'elle soit effectivement dans le pur domaine des faits, ils doivent, pour ce qui tient à l'expression d'un idéal quelconque, chercher à se pourvoir, sinon à se dédommager ailleurs. De là, malgré les préjugés de l'opinion contre la gravure et les graveurs contemporains, malgré ses faveurs irréfléchies dans bien des cas pour les produits de l'industrie mécanique, l'intérêt qu'inspirent les estampes des maîtres appartenant à tous les siècles et à tous les pays : depuis les planches publiées à une époque voisine de la période des Incunables jusqu'à celles qui ont paru sous les règnes de Louis XV et de Louis XVI, depuis les œuvres sévèrement éloquentes de Martin Schongauer ou de Mantegna jusqu'aux œuvres spirituellement disertes des graveurs de Watteau ou de Boucher, de Gabriel de Saint-Aubin ou de Moreau.

Ceux qui attachent un si haut prix à la possession de pareilles pièces les recherchent-ils simplement à titre de curiosités ? N'entendent-ils les recueillir que parce qu'elles marquent la différence entre les mœurs du temps où elles ont paru et les nôtres, et que, comme les sabliers ou les fusils à rouet comparés à nos chronomètres ou à nos armes modernes, elles démontrent par le contraste quelles conquêtes nous avons su faire et quels progrès nous avons accomplis ? Le plus probable, le plus sûr même, c'est que, dans ce goût opiniâtre chez beaucoup d'entre nous pour les anciennes œuvres de la gravure il y a au fond un désaveu, conscient ou non, des erreurs accréditées de nos jours sur l'excellence absolue des procédés photographiques et sur l'opportunité en toute occasion de leur emploi.

PORTRAIT DE GÉRARD ÉDELINCK
par son fils Nicolas.

Suit-il de ce qui précède que nous prétendions dénier inexorablement à la photographie le droit d'opérer d'après des tableaux? Telle n'est pas notre pensée. Ce que nous voulons rappeler seulement, c'est que, là où elle a pour objet la représentation des œuvres de la peinture, la photographie n'aboutit et ne peut aboutir qu'à une ressemblance chétive et bornée, à une image de l'original figée en quelque sorte, tandis qu'il appartient à la gravure d'en donner une imitation animée. Assurément on ne saurait soutenir que la gravure, quelle qu'elle soit, d'un tableau l'emporte nécessairement sur une épreuve photographique. Tout le contraire peut arriver, et nous n'avons pas besoin de dire qu'en accusant l'insuffisance du procédé, nous n'entendons sacrifier ses produits qu'aux témoignages du talent. Il est clair que de bonnes photographies d'après les *Stanze* de Raphael ou la *Cène* de Léonard, seraient moins compromettantes pour la gloire des deux maîtres que les estampes de Volpato et de Morghen, et nous préférerions de grand cœur, à ces imitations trompeuses, à ces travaux d'un burin débile ou volontairement infidèle, des images qui offriraient au moins la garantie d'une exactitude mathématique; mais que l'on s'informe ailleurs et en meilleur lieu, que l'on rapproche une belle planche d'après quelque peinture de Raphael, — la *Vierge de François Ier*, d'Édelinck, par exemple, — et une photographie d'après le même tableau : on comprendra que la contrefaçon toute matérielle n'est pas, tant s'en faut, l'unique but à atteindre, l'abnégation absolue du copiste le dernier mot de l'art de copier. Ce qui demeure ici à l'état de résultat servile se montrera là sous une apparence plus digne du modèle. D'un côté, le fac-similé brutal, sans sacrifices, sans les modifications que commandaient le changement des dimensions et l'indigence d'un coloris forcément réduit à deux tons; de l'autre, la ressemblance obtenue par des comparaisons scrupuleuses, par un sentiment réfléchi des beautés originales et des moyens particuliers au mode de reproduction; en un mot, l'analogie morale au lieu de la conformité inintelligente, un travail d'art au lieu d'un décalque.

Parmi les graveurs dont le talent serait le plus propre à faire sur ce point justice de nos méprises et à prévenir toute confusion entre les combinaisons savantes et les opérations fortuites, celui que nous nommions tout à l'heure, Gérard Édelinck, mérite mieux qu'aucun autre de figurer au premier rang. La plupart des estampes qu'il a laissées sont de véritables chefs-d'œuvre auxquels on ne trouverait à opposer, parmi les travaux appartenant à la même époque, que les planches d'histoire gravées par Gérard Audran et les *portraits* de Robert Nanteuil. Et quant aux gravures produites à des époques antérieures, les meilleures paraîtront en comparaison imparfaites, à ne les considérer qu'au point de vue de l'exécution et sans tenir compte des mérites de l'invention même. Il est bien certain que, s'il fallait apprécier ces mérites en même temps que la valeur relative du travail technique, des scènes comme la *Mise au tombeau* composée et gravée par Mantegna, la *Mélancolie* d'Albert Dürer ou le *Calvaire* de Lucas de Leyde, feraient bien autrement d'honneur au génie de chacun des trois peintres-graveurs que les plus belles planches exécutées par Édelinck d'après les œuvres d'autrui n'en pourraient faire à son imagination personnelle. Entre de tels maîtres et lui, il y a la même distance qu'entre des poètes directement inspirés et un traducteur, quelque habile qu'il soit; mais Édelinck, dans ce rôle de simple traducteur, s'est montré si supérieur à ceux qui l'avaient pris déjà ou qui devaient le prendre après lui, il en a si parfaitement rempli les conditions, si judicieusement compris les exigences, si admirablement pratiqué les lois spéciales, qu'il n'y aura que justice à le regarder comme le plus complet de tous les artistes qui ont gravé.

Édelinck, en effet, est par excellence, et dans la plus stricte acception du mot, un graveur; j'entends un homme dont les travaux ne participent nullement des inspirations ou des procédés d'où sont nés des travaux d'un autre ordre, un homme dont le talent a pour moyen d'expression unique et nécessaire, non le crayon, non le pinceau, mais le burin. Il n'en est pas toujours ainsi, même chez les graveurs les plus éminents. Au point de vue des facultés caractéristiques, des intentions secrètes et de la manière de les traduire, ne pourrait-on dire, sans offenser la gloire de ces grands maîtres, qu'il y a du peintre chez Audran, du sculpteur chez Marc-Antoine, du mathématicien chez Albert Dürer? Par les conceptions de l'intelligence comme par les pratiques de la main, Édelinck, au contraire, demeure en toute occasion étranger à ce qui n'est pas expressément du domaine de la gravure. Aucun alliage, aucune arrière-pensée d'usurpation ne vient se mêler dans ses œuvres à l'emploi des ressources particulières de l'art dont elles sont issues. Ces œuvres, enfin, sont un spécimen achevé de toutes les qualités qu'ont possédées isolément les différents maîtres-graveurs. Si celui qui les a faites n'est pas le premier de tous, en ce sens qu'il n'a pas eu, comme tel d'entre eux, l'autorité imprévue d'un initiateur, l'importance que prend du jour au lendemain le fondateur d'une école, comme tel autre le don de se créer une manière ouvertement personnelle, on peut dire de lui qu'il est unique.

Son originalité consiste dans la perfection même, dans l'incomparable correction de son talent, et aussi dans l'aisance singulière avec laquelle il l'approprie à la traduction des modèles les plus opposés par les caractères pittoresques ou par le style. Pour ne citer que des exemples relativement modernes, Bolswert, Vorsterman, Pontius et les autres graveurs flamands formés à l'école de Rubens, ne réussissent guère à comprendre et à transporter sur le cuivre, — admirablement, il est vrai, — que les ouvrages de leur maître; la mâle habileté de Jean Pesne ne se montre dans toute sa force que lorsqu'elle s'applique à

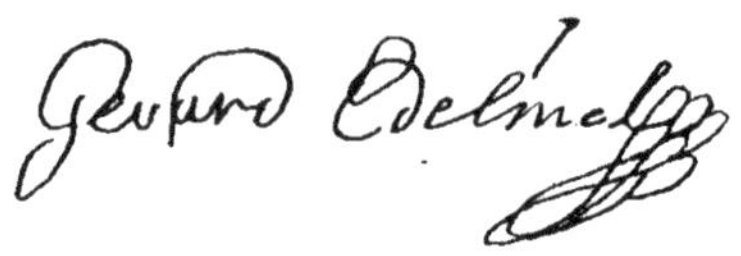

SIGNATURE D'ÉDELINCK.

l'interprétation des tableaux de Poussin; Nanteuil n'a gravé que des *portraits*, soit d'après ses propres dessins, soit d'après Le Brun, Mignard et quelques autres peintres français contemporains; Édelinck, au contraire, a su avec un égal succès traiter tous les sujets, reproduire des modèles de tous les genres. Suivant qu'il a eu à rendre la grâce souveraine d'une *Vierge* de Raphael ou la majesté un peu fastueuse d'une composition de Le Brun, le style sobre et grave d'un *portrait* de Philippe de Champaigne ou le style *flamboyant* d'un portrait de Rigaud, il s'est en quelque sorte renouvelé en face de chaque tâche et assoupli aux conditions spéciales qu'elle impliquait, avec une puissance de pénétration et une facilité d'analyse dont on ne trouverait pas ailleurs des équivalents.

Un artiste d'un talent aussi considérable à tous égards mérite donc d'être mis au rang des maitres, malgré ce que peut avoir de dépendant et de secondaire l'art qu'il a pratiqué. Toute proportion gardée entre la nature même de ses travaux et la nature des œuvres qui les ont inspirés, entre les facultés d'assimilation qui sont le lot du graveur et les qualités plus hautes, les facultés inventives que comporte l'organisation intellectuelle d'un peintre ou d'un sculpteur, Édelinck est de ceux qui ont le plus de droits au souvenir reconnaissant de la postérité. Les pages qui suivent n'ont d'autre objet que de rappeler ces titres et de raviver ce souvenir. Puisse-t-on y trouver des raisons suffisantes pour honorer de meilleur cœur un grand talent, et comme nous le disions en commençant, pour ne plus être tenté de confondre la fonction d'un art procédant du sentiment, du goût, de la pensée humaine en un mot, avec l'action mécanique d'un appareil forcément incapable de rien réviser, de rien omettre de ce qu'on lui présente, et qui, dans son impartialité sans merci, exagère et, pour ainsi parler, matérialise la réalité même !

SIGNATURE D'ÉDELINCK

dans les dernières années de sa vie.

CHAPITRE PREMIER

Naissance et enfance d'Édelinck. — Son apprentissage dans l'atelier de Corneille Galle. — Il vient compléter ses études en France. — Ses premiers ouvrages à Paris et ses relations avec Nicolas Pitau, Philippe de Champaigne et d'autres artistes flamands ou français. — Édelinck épouse la nièce de Robert Nanteuil.

L'usage est assez général, depuis deux siècles, de classer Gérard Édelinck parmi les maîtres de l'école française; et pourtant, ce n'est pas en réalité à notre pays qu'il appartient. Il naquit en 1640 à Anvers, comme Philippe de Champaigne, qu'on a coutume de confondre, lui aussi, avec les artistes français, était né en 1602 à Bruxelles. Ce ne peut donc être qu'en vertu d'une convention, sinon par suite d'une erreur, que les noms ou les œuvres du graveur et du peintre flamands figurent souvent, soit dans les livres, soit dans les collections publiques, à côté des noms ou des œuvres de nos compatriotes. Sans doute, ils ont l'un et l'autre passé la plus grande partie de leur vie à Paris. C'est là qu'ils ont entrepris et mené à fin leurs travaux les plus importants, c'est là qu'ils ont vieilli et qu'ils sont morts; cela suffit-il toutefois pour que l'on dépossède leur pays natal de la part d'honneur qui lui revient dans les souvenirs attachés à leurs talents? Que dirions-nous si, en s'autorisant du long séjour que Poussin et Claude le Lorrain ont fait à Rome, les Italiens s'appropriaient à notre détriment la gloire de ces deux grands maîtres, ou si, — pour prendre un exemple plus près de nous, — ils réclamaient Ingres comme un des leurs, par cela seul que bon nombre de ses ouvrages ont été produits sous leur ciel? Que l'on tienne compte des influences locales qu'un artiste de génie ou de talent a pu subir, des habitudes intellectuelles ou des lumières qu'il a pu emprunter du milieu étranger où il a vécu, rien de mieux : toujours est-il que, quant à la nationalité de cet artiste, la question se tranche d'elle-même, et que la maxime *suum cuique* s'applique aussi naturellement aux droits du pays qui l'a vu naître qu'à ceux qu'il a personnellement conquis.

J'ai dit que Gérard Édelinck était né en 1640, bien que la plupart de ses biographes fixent la date de sa naissance à l'année 1649 et que d'autres la reportent à l'année 1627. L'inscription qu'on lit au-dessous du portrait du maître, — portrait gravé par le fils de celui-ci, Nicolas Édelinck, qui certes devait être bien informé des faits relatifs à la vie de son père, — démontre clairement l'inexactitude des deux indications, puisque cette inscription porte que le personnage représenté mourut en 1707, à l'âge de soixante-sept ans[1]; donc, il était né en 1640, c'est-à-dire, on nous permettra de le faire remarquer en passant, dans l'année même où Rubens mourut.

Telle est, du reste, la seule information précise que nous soyons en mesure de donner sur tout ce qui, dans la vie d'Édelinck, précède l'époque où il commença l'étude de la gravure. Le futur maître appartenait-il à une famille d'artisans ou de bourgeois? Comment s'écoula son enfance? Quels exemples eut-il sous les yeux dont l'influence put déterminer sa vocation? Ce sont là des questions qu'aucun document authentique ne permet d'éclaircir, qu'aucune tradition même ne fournit l'occasion d'aborder[2]. Ce que l'on sait seulement, c'est que Gérard Édelinck eut pour maître Corneille Galle le jeune, le dernier et le moindre par le talent de cette dynastie de graveurs dont le chef, Philippe Galle, originaire de Harlem, était venu, dans la seconde moitié du XVIe siècle, s'établir à Anvers. Il y acquit une réputation que ses deux fils, Théodore et Corneille le vieux, méritèrent d'obtenir à leur tour, et dont son petit-fils, celui-là même qui eut Édelinck pour élève, ne laissa pas d'hériter dans une certaine proportion, mais, en tout cas, sans y rien ajouter. Corneille Galle le jeune, en effet, se contenta de chercher à imiter son père et de continuer, tant bien que mal, la tradition qu'il avait reçue de lui. Ses planches de sainteté ou d'histoire d'après Rubens, Gaspard de Crayer, Diepenbeke et quelques autres peintres flamands contemporains, sont faibles pour la plupart. Si les *portraits* gravés par lui valent mieux que ces médiocres ouvrages,

1. Voy. la reproduction de ce portrait à la page 5 du présent volume.

2. En ce qui concerne les origines d'Édelinck et la condition de ses parents, il serait au moins difficile de tenir pour un renseignement suffisant le jugement que l'auteur anonyme (probablement Guillet de Saint-Georges) d'un « Mémoire à messieurs de l'Académie royale de peinture et de sculpture » composé après la mort du célèbre graveur, porte sur les mérites particuliers du père de celui-ci. C'était, se contente-t-il de dire, un homme « recommandable par ses vertus et par ses enfants ». (*Mémoires inédits sur les artistes français* publiés d'après les manuscrits conservés à l'École des beaux-arts, par MM. Dussieux, Soulié et autres, t. II, p. 49.) Suivant M. Jal (*Dictionnaire de biographie et d'histoire*, p. 523), cet honnête père de famille aurait été « tailleur d'habits ».

le genre de mérite qu'ils présentent n'en est pas moins assez secondaire ; il tient plutôt à l'adresse de la main qu'à la science proprement dite et à l'élévation du sentiment.

Un artiste aussi insuffisamment muni n'était donc guère en mesure de diriger fort utilement l'élève qui se confiait à ses soins. Tout au plus pouvait-il, faute de mieux, lui enseigner la pratique du métier ; quant à l'initier aux secrets de l'art lui-même, quant à lui en révéler les hautes conditions, il était, — ses œuvres le prouvent de reste, — incapable d'en rien faire.

D'ailleurs, à l'époque où Édelinck entrait dans l'atelier de Corneille Galle, le beau moment de la gravure flamande était passé. Tandis que dans l'école hollandaise, même Rembrandt mis à part, des graveurs de premier ordre, Corneille Visscher et, un peu plus tard, Van Dalen, rajeunissaient avec éclat la tradition fondée par Lucas de Leyde au commencement du siècle précédent, dans l'école flamande le mouvement et les progrès opérés sous la toute-puissante influence de Rubens commençaient à se ralentir, si même ils ne s'étaient arrêtés déjà. Sans parler de Van Dyck, mort en 1641, et dont les admirables eaux-fortes n'avaient pas suscité des tentatives d'imitation sérieuses, Schelte à Bolswert, Vorsterman, Paul Pontius, tous les plus habiles graveurs au burin directement formés par le maître n'existaient plus ou avaient cessé de travailler. A une période de fécondité sans exemple avait succédé une époque presque stérile, j'entends quant à la valeur des talents ; car, quant au nombre des œuvres publiées de jour en jour, jamais il n'avait été aussi grand à Anvers, comme dans les autres villes des Flandres. Seulement, d'art qu'elle avait été sous la main des hommes dont nous rappelions les noms tout à l'heure, la gravure, telle que la pratiquaient leurs successeurs, n'était plus qu'une des branches de l'industrie et du commerce, l'auxiliaire complaisante des entreprises de librairie ou un simple moyen de propagande à l'usage des communautés religieuses. Les estampes de piété insérées dans les livres ou destinées à être vendues isolément, les suites de planches sur la vie des saints, toutes ces pièces d'imagerie dévote que l'on désigne ordinairement sous le titre « d'imagerie jésuite », parce que ce furent en effet les jésuites qui en stimulèrent principalement la fabrication et qui les répandirent le plus activement, — voilà ce à quoi se réduisaient, vers le milieu du XVIIe siècle, les efforts et les travaux des graveurs flamands.

Édelinck, à ses débuts, dut comme les autres se conformer aux coutumes de l'époque, et peut-être à cause de cela, serait-on autorisé à tenir pour un de ses premiers essais une planche représentant Jésus enfant en buste, ou — pour emprunter aux mystiques du temps leur langage — *Jesulus*, entouré d'une gloire lumineuse et accompagné de deux anges à mi-corps, dont l'un joue du violon et l'autre du théorbe. Dans le bas, quatre enfants forment une ronde en se tenant par la main : la signature *G. Édelinck* se voit sur le terrain, à droite[1].

Certes, il n'y a là ni un témoignage formel, ni même une promesse quelque peu significative encore du talent auquel on doit les belles planches qui ont suivi. Il serait au moins difficile de deviner l'auteur des prochains chefs-d'œuvre dans le graveur de cette vignette traitée avec plus de grâce doucereuse que de précision, avec plus d'adresse apparente que de véritable savoir; mais, si peu remarquable qu'elle soit en elle-même, la petite pièce dont il s'agit mérite d'être mise en compte, ne fût-ce qu'à titre de renseignement. Par l'analogie qu'elle présente avec le faire accoutumé et la manière molle des graveurs flamands contemporains, elle nous apprend que, comme tant d'autres artistes devenus célèbres à leur heure, Édelinck ne songea d'abord qu'à se faire l'imitateur d'autrui et qu'avant d'arriver à prendre pleine possession de lui-même, il subit plus que docilement l'influence des exemples ou des habitudes qui l'entouraient.

La lumière se fit-elle spontanément dans cet esprit un peu obscurci jusqu'alors par les doctrines et les pratiques routinières qui avaient envahi l'ensemble de l'école, ou bien, comme on l'a prétendu quelquefois, fut-ce à l'instigation de Corneille Galle lui-même, qu'Édelinck prit le parti d'aller chercher des enseignements en meilleur lieu? L'auteur du mémoire académique mentionné plus haut n'hésite pas à attribuer aux conseils et à l'honorable abnégation du premier maître d'Édelinck le départ d'Anvers de celui-ci : « Galle, dit-il, sentit bientôt qu'il n'était point en état de conduire ce jeune homme jusqu'où il pouvait aller. Sa probité lui faisait craindre que son élève ne perdît

1. Cette petite pièce, dont la Bibliothèque nationale possède une épreuve, n'a pas été connue de Robert-Dumesnil, puisqu'il ne la mentionne pas dans le catalogue, si exact d'ailleurs et si complet, qu'il a dressé des œuvres de Gérard Édelinck. Ce n'est que dans le supplément ajouté, après sa mort, aux huit volumes de son *Peintre-Graveur français*, qu'elle se trouve décrite par M. G. Duplessis.

chez lui un temps d'autant plus précieux qu'il pouvait l'employer plus utilement ailleurs; il le ramena à son père bien avant l'expiration du terme convenu entre eux. Celui-ci, étonné, se persuada que son fils s'était dérangé et que Galle en était las; il témoigna son mécontentement avec quelque vivacité, et Galle lui répondit avec cette naïveté que donne la droiture : « Non, je n'en suis que très content; il est très sage, très appliqué; mais je n'ai plus rien à lui montrer, et même il grave à présent mieux que moi. Si je le gardais encore, je lui ferais perdre son temps, ce qui ne serait pas juste. Je vous le rends donc [1]. ».

Quoi qu'il en soit ou que l'on suppose de cette intervention plus ou moins directe de Corneille Galle en tout ceci, toujours est-il que, dans le courant de l'année 1666, Gérard Édelinck arrivait à Paris où son frère Jean, plus jeune de trois ans et graveur au burin comme lui, s'était fixé depuis quelque temps. Qui sait si l'exemple donné par ce frère et le parti, assez lucratif déjà, qu'il réussissait à tirer d'un talent d'ailleurs fort inférieur à celui de son aîné, n'eurent pas sur la détermination de Gérard une influence principale et si, en venant, lui aussi, s'établir en France, le futur maître n'y était pas attiré par l'espoir d'améliorer sa situation matérielle autant que par le désir de réformer sa manière ?

En tout cas, on ne saurait admettre avec la plupart des écrivains qui se sont occupés de lui, qu'il fut appelé à Paris par Colbert. Il aurait fallu pour cela que des travaux d'un mérite exceptionnel l'eussent signalé à la sollicitude du grand ministre. Or, nous l'avons dit, Édelinck n'avait rien produit encore qui le distinguât de la foule des graveurs moitié industriels, moitié artistes, employés à Anvers comme dans les autres villes flamandes, à *illustrer* tant bien que mal des livres usuels de piété ou à fabriquer, pour les besoins du commerce, des images volantes dédiées a la memoire d'Ignace de Loyola ou de tel autre saint. En outre, lorsque Édelinck rejoignit son frère, il avait à peine vingt-six ans. Comment supposer qu'il eût à cet âge conquis une renommée assez retentissante pour que le bruit en fût parvenu aux oreilles de Colbert, si attentives qu'elles fussent d'ordinaire à tout ce qui pouvait, au delà comme en deçà de nos frontières, devenir profitable aux perfectionnements de l'art dans notre pays ? Non, c'était sur des protecteurs moins

1. *Mémoires sur la vie et les ouvrages des membres de l'Académie royale de peinture et de sculpture*, t. II, p. 50.

haut placés, comme on le verra un peu plus loin, qu'Édelinck avait le droit de compter en arrivant à Paris, et si le jour ne devait pas tarder où, par les progrès accomplis et les travaux produits dans l'intervalle, il obtiendrait la très active bienveillance de Colbert, celui-ci du moins ne la lui accorda pas avant l'heure : il attendit qu'elle fût méritée.

Une tradition de famille, recueillie par Mariette qui avait connu un des fils et un des gendres d'Édelinck, donnerait lieu de croire que la première planche gravée à Paris par l'artiste anversois fut le portrait d'un médecin hollandais, Regnier de Graaf ou de Graef : portrait qui, en effet, porte la date 1666 inscrite à côté du nom de Gérard Édelinck, mais que celui-ci n'aurait exécuté qu'en partie et seulement pour compléter un travail commencé par son frère Jean. Voici à ce sujet le récit de Mariette : « Le portrait de Regnier de Graef, d'après H. Watelé, est, dit-il (*Abecedario*, t. II, p. 217), le premier ouvrage que le sieur Gérard Édelinck ait fait à Paris. M. Chaufourier, son gendre, m'a raconté que lorsque M. Édelinck arriva à Paris, il alla sur-le-champ chez son frère qui y était déjà, et, lui ayant demandé quels étaient les ouvrages qu'il avait à faire, il lui montra ce portrait qu'il allait graver. Gérard lui dit d'aller faire préparer le souper et que, pendant ce temps, il travaillerait à sa planche; ce qu'il fit, car pendant le temps que Jean apprêtait le souper, il grava entièrement la tête de ce portrait. »

Si l'on examine dans la pièce en cause les caractères de l'exécution, l'anecdote n'a rien d'invraisemblable en ce qui concerne la part que Gérard aurait prise à l'œuvre de son frère, mais elle nous paraît autoriser au moins le doute, quant à la brièveté du temps consacré par lui à l'accomplissement de sa tâche fortuite. De quelque facilité en effet qu'on le suppose doué, comment Gérard aurait-il trouvé le moyen de graver au burin une tête tout entière pendant les apprêts d'un souper, à moins que le temps nécessaire pour les préparatifs n'eût duré fort au delà des délais ordinaires en pareil cas et que les arrangements à prendre eussent, au lieu d'une heure par exemple, exigé à peu près la journée ?

Peu importe au surplus. La date inscrite au bas du portrait dont il s'agit coïncide avec l'époque de l'installation d'Édelinck à Paris ; c'est là ce qu'il suffit de retenir, comme les dates que portent des estampes successivement publiées entre 1666 et 1672 suffisent pour nous renseigner sur l'emploi qu'il fit de son temps pendant les premières années de son séjour dans notre pays [1]. Ces estampes, il est vrai, se ressentent

RENÉ DE GRAAF
d'après Watelé.

1. On peut citer comme spécimens de la manière d'Édelinck à cette époque : *l'Enfant Jésus adoré par des anges,* d'après Jacques Stella, assez grande, mais assez médiocre planche, dont les premières épreuves portent la date 1667, et dont Robert-Dumesnil n'a connu que les épreuves tirées en 1672. Paris, *rue Saint-Jacques,*

encore de la jeunesse du graveur et aussi des habitudes qu'il avait contractées à Anvers dans l'atelier de Galle. Le burin y affecte une aisance trop souvent voisine de la négligence, une certaine prétention calligraphique, pour ainsi dire, dans la disposition des tailles, plutôt qu'il n'exprime des intentions studieusement combinées ; mais sous cet étalage de dextérité percent çà et là un fonds naturel de sagacité et de bon sens, un sentiment instinctif de la forme, une intelligence peu commune de l'effet, et ces qualités vont se développant de plus en plus dans les œuvres du jeune graveur, à mesure que les années se succèdent et que l'importance matérielle s'accroît des tâches dont il est chargé. La planche, par exemple, de *Jésus et la Samaritaine*, dont la publication n'est postérieure que de trois années à celle du *Sommeil de Jésus*, d'après Jacques Stella, atteste un grand progrès accompli dans l'intervalle, et quelques portraits gravés un peu plus tard révèlent, avec une bien autre précision que le portrait de Regnier de Graaf, l'habileté acquise par l'artiste dans un genre où il allait bientôt exceller.

Que les énergiques efforts de la volonté, que des études personnelles assidues aient surtout contribué à ces perfectionnements ou plutôt à cette transformation progressive d'un talent assez superficiel jusqu'alors, c'est ce qu'on ne saurait mettre en doute. Toutefois, il conviendra aussi d'attribuer en partie les résultats obtenus à l'heureuse influence exercée sur Edelinck par un de ses compatriotes, ancien élève comme lui de Corneille Galle, mais sorti avant lui de l'atelier du maître pour venir s'installer à Paris : je veux parler de Nicolas Pitau, dont quelques ouvrages, — *le Christ mort environné d'anges*, d'après Louis Carrache, et un autre *Christ mort*, d'après le Guerchin ; les portraits de *Thierry*

chez Van Merlen, a la ville d'Anvers ; une vignette représentant *Saint François de Sales*, assis sur des nuées entre deux anges qui soutiennent des médaillons emblématiques, publiée en 1669, *chez Frédéric-Léonard, imprimeur du roi ;* une planche tout autrement importante par les dimensions, comme par la sérieuse habileté qu'elle atteste déjà, *Jésus-Christ et la Samaritaine*, d'après Philippe de Champaigne (1670) ; le frontispice d'un ouvrage du père Chérubin d'Orléans intitulé : la *Dioptrique oculaire, ou la théorique, la positive et la méchanique de l'oculaire dioptrique*, Paris, *Thomas Jolly et Simon Bernard*, 1671, in-fol. Enfin, c'est à la même période qu'appartient un petit *Saint Jérôme*, d'après Philippe de Champaigne, estampe qui valut au graveur les très vifs encouragements et bientôt l'amitié de Le Brun. Ce fut même, dit-on, après avoir vu cette seule pièce que le premier peintre de Louis XIV s'empressa de recommander Edelinck à Colbert et de solliciter pour lui la commande immédiate de travaux à faire aux frais du roi.

Bignon et de *Habert de Montmor*, d'après Philippe de Champaigne; de l'évêque d'Orléans *Pierre du Camboust de Coislin*, d'après Claude Lefebvre; du *Chancelier Séguier*, d'après Nicolas de Platte-Montagne,

SAINT FRANÇOIS DE SALES.

— d'autres planches encore, tout aussi remarquables, ont fait vivre le nom et brillamment consacré le talent : talent presque égal parfois, — dans le portrait de *Thierry Bignon* par exemple, — à celui de Nanteuil lui-même, et qui peut-être se serait trouvé assez fort pour entrer avec lui en rivalité habituelle et ouverte, si la mort, en frappant Nicolas Pitau, lorsqu'il avait trente-huit ans à peine, n'était venue terminer brusquement une vie qui, d'ailleurs, s'il faut en croire la tradition, avait été au moins partagée entre le travail et les plaisirs [1].

Une des premières visites d'Édelinck, à Paris, avait été pour son ancien condisciple. Il avait reçu de celui-ci un si bon accueil que, au bout de quelques jours, non seulement il était admis à compléter son éducation auprès de lui et à l'aider dans les travaux qu'il avait en train, mais que, grâce à Pitau, il trouvait l'occasion de graver pour son propre compte des vignettes ou même d'assez grandes planches dont Pitau devait se faire l'éditeur et au bas desquelles il inscrivait, à ce titre, son nom en regard du nom d'Édelinck [2]. Enfin, non content d'avoir ouvert son atelier à son jeune compatriote, Nicolas Pitau tint à le garder jour et nuit sous son toit ; en sorte que là où il n'était venu chercher que des enseignements techniques, Édelinck eut le bonheur de rencontrer par surcroît une de ces affections dévouées, comme celles dont on se sent entouré au foyer de famille et que, jusqu'à la mort de celui qui était ainsi devenu deux fois son bienfaiteur, — c'est-à-dire pendant plus de quatre années, — il se vit traité par lui, sinon, en raison de la médiocre différence des âges, comme un fils l'aurait été par son père, au moins comme un jeune frère aurait pu l'être par son aîné.

Édelinck au surplus conserva pieusement, pendant tout le reste de sa vie, le souvenir des services de plus d'un genre que Pitau lui avait rendus. En aucune occasion il ne faisait difficulté de reconnaître ce que son talent avait emprunté du sien, et quel profit, au point de vue de la flexibilité dans le faire, de l'harmonie ou de la délicatesse des tons, il avait tiré et il tirait encore des exemples autrefois donnés. De plus, pour

1. « Pitau, dit Mariette, était laborieux, mais il aimait le plaisir et il s'y était livré avec trop d'excès dans sa jeunesse; et comme son tempérament plein de feu l'empêchait de se modérer dans l'un et dans l'autre *(sic)*, il se trouva bientôt épuisé dans la fleur de son âge. » (*Abecedario*, t. IV, p. 181.)

2. Parmi les ouvrages de Nicolas Pitau à l'exécution desquels Édelinck a participé, nous nous contenterons de citer le grand portrait de *Louis XIV*, d'après Claude Lefebvre, et le portrait du *Comte Stenbock*. Dans la seconde de ces estampes, les trophées et les ornements qui environnent le personnage représenté sont tout entiers de la main d'Édelinck. Parmi les planches que celui-ci a gravées sous son propre nom pendant son séjour chez Pitau, nous indiquerons, outre *Jésus et la Samaritaine*, dont il a été question déjà, l'*Annonciation*, d'après Poussin, et la pièce dite l'*Ostensoir*, destinée à perpétuer le souvenir d'un fait miraculeux qui s'était produit à Saint-Florent, près Saumur, en 1668

JÉSUS-CHRIST ET LA SAMARITAINE

d'après Philippe de Champaigne.

acquitter autant qu'il dépendait de lui la dette contractée à l'époque de sa jeunesse, Édelinck voulut, quand le fils de Nicolas Pitau fut en âge de recevoir ses leçons, lui rendre ce que lui-même avait reçu de son père. Il le prit chez lui pour lui enseigner la gravure et mit d'autant plus de zèle à remplir sa tâche de professeur que les dispositions naturelles de son élève autorisaient mieux les espérances. Suivant le témoignage de Mariette qui l'avait connu beaucoup plus tard[1], le second Nicolas Pitau « coupait bien le cuivre ; la couleur de son burin était agréable, et Édelinck avait tout lieu de compter qu'il serait son meilleur élève. On en peut juger, ajoute-t-il, par quelques-uns des ouvrages qu'il a faits dans sa jeunesse, surtout par le portrait de *M. de Bourdaloue*, d'après Largillière, qui est ce qu'il a fait de mieux ». Malheureusement, un fonds d'invincible paresse et des habitudes d'intempérance auxquelles le jeune graveur s'abandonna de plus en plus (le goût outré de la bonne chère, dit Mariette) ne tardèrent pas à paralyser chez lui les facultés de l'intelligence et à supprimer jusqu'aux moindres velléités de progrès ou d'effort. Le fils de Nicolas Pitau, l'élève et le pupille d'Édelinck, ne fut en réalité qu'un des plus médiocres graveurs de son temps, et, n'étaient les souvenirs attachés aux noms de son père et de son maitre, il ne mériterait même pas d'être mentionné dans l'histoire de l'art au XVIIe siècle. — Mais revenons à l'époque où Gérard Édelinck n'avait pas encore dépassé la période des essais et où, grâce à l'intervention de son ami Pitau, il entrait en rapport avec quelques peintres éminents dont il devait un peu plus tard reproduire les œuvres ou recevoir le plus familièrement les avis.

Au premier rang de ceux qui lui témoignèrent alors l'estime la moins équivoque pour son talent et pour sa personne, il faut placer Philippe de Champaigne, installé depuis près d'un demi-siècle à Paris, et que le souvenir de sa liaison avec Poussin, sa haute situation officielle[2], et par-

1. Ce second Pitau n'avait que six mois lorsque son père cessa de vivre : lui-même mourut en 1724, à l'âge de cinquante-trois ans.

2. On sait que, lors de la fondation de l'Académie royale de peinture et de sculpture (1er février 1648), Philippe de Champaigne qui, sous le règne de Louis XIII, portait le titre de « peintre de la reine mère », s'était trouvé compris parmi les quatorze « académiciens primitifs ». Ajoutons qu'il n'avait pas été le seul artiste flamand appelé à siéger à côté des académiciens français ; cinq autres avaient partagé cet honneur avec lui, savoir : dans la classe des douze « anciens », Juste d'Egmont et Gérard Van Obstal, et, dans la classe des « académiciens primitifs », Pierre Van Mol, Gérard Gosuin et Mathieu Van Pletten Berg (dit de Platte-Montagne) le père.

L'OSTENSOIR MIRACULEUX.

dessus tout l'invariable dignité de son talent et de son caractère, recommandaient au respect de tous. Fidèle à la mémoire de ses origines, Philippe de Champaigne se regardait comme l'ami et le protecteur-né de quiconque, parmi ses compatriotes, venait chercher fortune à Paris. Or, à partir de la seconde moitié environ du XVIIe siècle, le nombre ne laissait pas d'être grand de ceux qui s'étaient trouvés ou qui se trouvaient de jour en jour dans ce cas. Il y avait alors dans nos murs toute une colonie d'artistes flamands, peintres, sculpteurs, graveurs au burin ou en médailles, auprès desquels il remplissait en quelque sorte le rôle d'un chef de tribu et qu'il assistait de son crédit, de ses conseils ou même assez souvent, de sa bourse. Pour ne citer que les plus connus parmi ces clients naturels de Philippe de Champaigne, son neveu, Jean-Baptiste de Champaigne, né à Bruxelles en 1631, — le peintre d'animaux Nicaise Bernaert, d'Anvers, qui devint membre de l'Académie Royale en 1663, —le paysagiste Abraham Genoels que Le Brun employa pour l'exécution des « fonds » dans plusieurs de ses tableaux, — le sculpteur Van den Bogaert, dit Desjardins, dont Édelinck nous a laissé un si admirable portrait, — le graveur en médailles Roettiers et les graveurs en taille-douce Vermeulen et Van Schuppen, — plusieurs autres encore, durent successivement aux bons offices de Philippe de Champaigne de voir leurs débuts à Paris facilités ou leurs premiers travaux récompensés par de nouvelles et plus fructueuses commandes.

Un patronage aussi efficace n'avait pas manqué à Nicolas Pitau dont la plupart des œuvres, et en tout cas les meilleures, ont été faites d'après des modèles sortis du pinceau du maître bruxellois. Édelinck, à son tour, eut la même bonne fortune. Philippe de Champaigne, qui l'avait connu dans l'atelier de Pitau, consentit au bout de peu de temps à lui confier la reproduction de quelques-uns de ses dessins ou de ses tableaux. Sans compter trois portraits qui parurent plus tard, six planches sur des sujets de sainteté gravées par le jeune artiste rappellent la bienveillance dont il avait été l'objet à cette époque, comme, à plusieurs années d'intervalle, un des plus beaux chefs-d'œuvre d'Édelinck, le portrait de *Philippe de Champaigne* lui-même, prouve la durée de la reconnaissance qu'elle lui avait inspirée [1].

1. Le portrait de *Philippe de Champaigne*, gravé par Édelinck, dont nous aurons à reparler plus loin, porte la date 1676; l'exécution en a donc été postérieure de deux ans à la date de la mort du peintre.

L'influence de Philippe de Champaigne s'exerça-t-elle seulement sur le talent d'Édelinck et, sans pousser trop loin la liberté des conjectures,

LE ROI SALOMON
d'après Philippe de Champaigne.

ne pourrait-on supposer avec quelque vraisemblance qu'elle s'étendit même au delà du domaine de l'art proprement dit ? On sait l'existence austère que menait Philippe de Champaigne, l'ardeur de sa foi religieuse, l'élévation morale des exemples donnés par lui à ceux qui l'entouraient. « Son école, dit un contemporain, était composée d'élèves qui avaient un respect aveugle pour leur maître ; son atelier était à la fois une école de peinture et de sagesse. » On sait aussi l'attachement inébranlable du peintre aux doctrines jansénistes et l'étroite intimité dans laquelle il vécut jusqu'à la fin avec les principaux personnages du parti. « Le même jour (12 août 1674), lit-on dans le *Nécrologe de Port-Royal-des-Champs* (p. 336), mourut M. Philippe de Champaigne, natif de Bruxelles, qui s'était acquis une grande réputation dans l'art de la peinture, mais qui s'était rendu plus recommandable encore par sa piété. Il a toujours été fort attaché à ce monastère, où il avait une fille religieuse [1], et dont il avait épousé les intérêts qu'il a soutenus en toute occasion, souvent même au préjudice des siens et de sa propre tranquillité. Comme il avait beaucoup d'amour pour la justice et pour la vérité, pourvu qu'il satisfît à ce que l'une et l'autre demandaient de lui, il passait aisément sur tout le reste. Il a donné à notre maison d'autres marques encore plus effectives de l'affection qu'il lui portait, en lui faisant présent de plusieurs tableaux de piété, et en lui léguant six mille livres d'aumône. »

Il semble assez peu probable que, pénétré comme il l'était de l'esprit de Port-Royal, Philippe de Champaigne n'ait pas cherché à en communiquer quelque chose aux artistes qui l'approchaient le plus familièrement et, en particulier, à ceux qu'il chargeait de reproduire les nombreux portraits où il avait représenté « Messieurs de Port-Royal » ou leurs amis, depuis l'abbé de Saint-Cyran jusqu'à Pascal, depuis Antoine Arnauld jusqu'à Vitré. Il est certain du moins que le graveur le plus habituellement employé par lui, que le plus renommé de ses élèves, Jean Morin [2], partagea et pratiqua, en matière religieuse aussi bien qu'en matière d'art, les principes du maître; qu'il subit, comme lui, l'ascendant des chefs de la secte janséniste ; que, comme lui enfin, il vécut dans la

1. Elle portait en religion le nom de Catherine de Sainte-Suzanne. C'est elle que, en souvenir d'une longue maladie suivie d'une guérison miraculeuse, Philippe de Champaigne a représentée à côté de la mère Catherine-Agnès Arnauld, dans le tableau conservé au musée du Louvre : véritable chef-d'œuvre de simplicité et d'onction que l'on pourrait comparer, pour la pieuse sérénité du style, aux pages les plus touchantes des *Lettres spirituelles* de Sacy ou de Fénelon.

2. Jean Morin mourut vers 1666, par conséquent à peu près à l'époque où Edelinck venait de quitter Anvers.

retraite, sans rechercher d'autres biens que les biens spirituels, d'autres joies que les joies de la famille. La sœur de Morin avait épousé le

SAINT JÉRÔME
d'après Philippe de Champaigne.

peintre-graveur Mathieu de Platte-Montagne[1] qui, dit Mariette, « se

1. Son vrai nom était Van Plettenberg qu'il françisa en le traduisant par ces mots : *de Platte-Montagne*.

trouvant les mêmes inclinations et la même pente vers la sagesse que son beau-frère, se lia étroitement avec lui; tous deux ne voulurent avoir qu'une même habitation, et tous deux demeurèrent ainsi jusqu'à la fin ».

Édelinck n'avait pu connaître ni l'un ni l'autre, puisqu'il ne s'établit à Paris qu'après leur mort; mais, par l'entremise de Philippe de Champaigne, il eut l'occasion de s'attacher au fils de Mathieu de Platte-Montagne, peintre et graveur comme son père et, dit encore Mariette, « ayant, lui aussi, des mœurs très pures et un grand respect pour la religion[1] ». Peut-être cette amitié, contractée sous les yeux de Philippe de Champaigne, eut-elle pour effet d'affermir les deux jeunes gens dans la voie où celui-ci les poussait et, pour ce qui est d'Édelinck, peut-être la parfaite honnêteté et la régularité de sa vie entière s'expliquent-elles, au moins en partie, par les traditions de vertu transmises à sa jeunesse et par les sévères exemples qui lui avaient été donnés.

Quoi qu'il en soit, et à n'envisager les influences auxquelles Édelinck fut soumis que dans leurs rapports avec le développement de son talent, on peut dire qu'il eut ce bonheur de trouver auprès des meilleurs artistes de son temps des secours aussi empressés qu'ils devaient lui être profitables. On a vu que Nicolas Pitau et Philippe de Champaigne s'étaient en quelque sorte emparés de lui dès les premiers jours pour le guider et pour l'instruire; de leur côté, François de Poilly, Robert Nanteuil, Le Brun lui-même, ne lui marchandèrent pas davantage leur bienveillance et leurs conseils. François de Poilly le fit travailler pendant quelque temps sous ses yeux, l'associa, dit-on, à l'exécution de plusieurs de ses ouvrages, et alla même jusqu'à lui abandonner quelques-unes des planches qu'il avait été chargé de graver[2]. Le Brun, qui régentait alors

1. Élève de Philippe de Champaigne pour la peinture, et de Jean Morin, son oncle, pour la gravure, Nicolas de Platte-Montagne fut reçu à l'Académie royale de peinture en 1668. Il a laissé environ trente planches, dont quelques-unes gravées d'après Philippe de Champaigne, — le *Corps de Jésus-Christ dans le sépulcre,* entre autres, la *Sainte Face* et la *Madeleine pénitente,* — lui assignent une place honorable parmi les graveurs du XVIIe siècle, bien que ces pièces et, en général, toutes celles qui sont sorties de la même main, ne soient guère que des imitations de la manière de Jean Morin et des procédés tout particuliers qu'il employait.

2. « De Poilly, content de ses progrès, lui donna à graver plusieurs des plus beaux morceaux qu'on lui avait commandés, et consentit qu'il y mît son nom, pour ne pas laisser dans l'oubli un mérite si distingué. Ce trait de probité généreuse est d'autant plus digne d'être publié, que la jalousie a fait marcher trop d'artistes de talent dans

tous les arts en France, et qui, dans un intérêt personnel bien entendu, recherchait avec un soin extrême les graveurs au talent desquels il pourrait se fier pour étendre la popularité de ses travaux et de son nom,

LE SAUVEUR PORTANT SA CROIX
d'après Nicolas de Platte-Montagne.

Le Brun prit à tâche de suivre et de surveiller de près le jeune artiste, en attendant qu'il fît de lui, comme de Gérard Audran, un de ses graveurs en titre. Enfin, celui qui l'un des premiers, et avec plus de succès qu'aucun autre, avait restauré en France la gravure de portrait, Nan-

un chemin tout opposé. » (*Mémoires sur la vie et les ouvrages des membres de l'Académie royale de peinture et de sculpture*, t. II, p. 51.)

teuil[1], au risque de se donner pour l'avenir un rival, n'hésita pas à encourager les essais d'Édelinck dans le genre de travaux auquel il avait dû sa propre célébrité. Il l'attira dans l'atelier qu'il occupait aux Gobelins, non pour l'asservir à l'imitation matérielle de sa manière, mais pour l'initier aux conditions spéciales de l'art dont nul ne possédait aussi sûrement que lui les secrets. Malgré l'importance exceptionnelle qu'il tirait d'un passé déjà long, de la protection ouverte du roi et des faveurs de la cour[2], Nanteuil, même à ce moment, consentait à traiter sur le pied de l'égalité un homme plus jeune et, à tous égards, beaucoup moins avancé que lui dans la carrière de l'art. Bien plus, il fit d'Édelinck un membre de sa famille par le mariage qu'il l'amena à contracter avec sa nièce. Le 1er mai 1672, aux termes d'un acte revêtu des signatures de Philippe de Champaigne, « porteur du consentement du père du marié », de Jean et de Gaspard Édelinck, frères de celui-ci, de Robert Nanteuil et de Charles Le Brun, Gérard Édelinck prenait pour femme dans la paroisse de Saint-Séverin — n'y aurait-il pas là encore, soit dit en passant, quelque indice de ces habitudes ou de ces arrière-pensées jansénistes dont nous parlions tout à l'heure ? — « Madeleine, fille de feu Nicolas Regnesson, graveur et marchand de tailles-douces », celui-là même dont Nanteuil avait épousé la sœur, à Reims, un quart de siècle auparavant[3].

1. Nous ne prétendons nullement dire qu'il n'y ait eu en France aucun graveur de portraits habile avant Nanteuil. Les travaux de Jean Rabel, de Thomas de Leu, de Léonard Gaultier, de Jacques de Fornazeris et de quelques autres sous le règne de Henri IV ou au commencement du règne de Louis XIII, un peu plus tard ceux de Daret, de Claude Mellan, de Michel Lasne, démentiraient de reste une pareille assertion. Ce que nous voulons rappeler seulement, c'est que, le premier, Nanteuil produisit des chefs-d'œuvre dans un genre où, Jean Morin excepté, aucun graveur français n'avait encore fait preuve d'un talent vraiment supérieur.

2. Non seulement Nanteuil avait eu assez de crédit pour obtenir du roi qu'il rendît en 1660 l'édit, si souvent cité, de Saint-Jean-de-Luz, édit par lequel la gravure, désormais distincte des « arts mécaniques », était affranchie des entraves qu'on prétendait lui imposer et déclarée « art libéral », mais, dès l'année 1658 (15 avril) le brevet lui avait été accordé, avec mille livres de pension, de la « charge de dessinateur et de graveur ordinaire de Sa Majesté ». En outre, fort répandu dans le monde où il brillait, en commerce habituel avec les beaux esprits du cercle de Mlle de Scudéry, bel esprit lui-même et poète à ses heures, ou, pour parler plus exactement, auteur de petits vers galants dont quelques-uns ont été recueillis, Nanteuil menait presque le train d'un homme à la mode, en même temps que par son talent il se maintenait au premier rang parmi les artistes.

3. Gérard Édelinck d'ailleurs n'est pas le seul des artistes flamands établis en France au XVIIe siècle qui se soit allié à la famille d'un artiste français. Mathieu de

Ainsi, au bout d'un séjour de six ans à Paris, Édelinck avait réussi à conquérir une place, sinon à côté, au moins assez près des artistes les plus renommés de l'époque. Il avait successivement reçu de chacun d'eux des conseils profitables à l'avenir de son talent, et des témoignages d'intérêt ou d'amitié assez efficaces pour lever dans le présent ou pour prévenir les difficultés de la vie : le moment était arrivé maintenant où, pour achever de donner sa mesure, il pourrait se passer de l'assistance d'autrui ; où les preuves de son mérite personnel se produiraient d'elles-mêmes avec un tel éclat, qu'elles lui vaudraient la célébrité du jour au lendemain : célébrité qui, une fois attachée à son nom, devait s'accroître encore dans les années suivantes et durer jusqu'à nos jours, sans être jamais contestée. Deux planches de caractères bien différents, mais, malgré la beauté inégale des modèles, deux chefs-d'œuvre à peu près de même valeur, — la *Sainte Famille*, dite de *François Ier*, d'après Raphael, et la *Tente de Darius*, d'après Le Brun, — voilà ce qui, dans la carrière d'Édelinck, marque la fin de la période des essais, pour ouvrir l'ère de plus en plus féconde des travaux décisifs et des succès remportés de haute lutte.

Platte-Montagne, nous l'avons dit, avait épousé la sœur de Jean Morin : l'année même où Édelinck devenait, par son mariage, le neveu de Nanteuil, le peintre de batailles Van der Meulen épousait une nièce de Le Brun.

CHAPITRE II

La *Sainte Famille* dite de *François Ier*, d'après Raphael, et la *Tente de Darius*, d'après Le Brun. — Les autres planches sur des sujets de sainteté ou d'histoire gravées par Édelinck à partir de l'année 1672. — Ses principaux Portraits.

La *Sainte Famille* d'Édelinck est la plus belle gravure d'après un tableau de Raphael qui ait paru, non seulement en France et au XVIIe siècle, mais à quelque époque et dans quelque pays que ce soit. On pourrait même ajouter qu'elle est, par la date, la première à peu près qu'il convienne de signaler. Admirablement compris et rendu par Marc-Antoine là où l'office du burin se bornait à la traduction d'œuvres dessinées, Raphael n'avait pas, avant Édelinck, trouvé pour ses peintures un interprète digne de lui. Au XVIe siècle, il est vrai, quelques graveurs italiens, Agostino Musi, Caraglio et Giorgio Ghisi entre autres, avaient essayé parfois de transporter sur le cuivre des fresques ou des tableaux du peintre par excellence; mais leurs estampes, d'une exécution lâche ou dure, tantôt molle jusqu'à l'effacement de la forme, tantôt rude jusqu'à la brutalité, ne gardent rien de la beauté souveraine et de la grâce facile des modèles. Elles n'arrivent, tout au plus, qu'à en reproduire tant bien que mal les lignes générales et à donner un simulacre de l'aspect; quant aux délicatesses du modelé dans chaque figure, quant à l'expression des têtes et à la valeur relative des tons, il semble que les graveurs n'aient pas même eu la tentation d'en faire passer quelque chose dans leurs œuvres, et qu'ils aient jugé suffisant de s'en tenir à l'imitation sommaire des attitudes et des gestes.

En France, avant la seconde moitié du XVIIe siècle, les graveurs qui travaillent d'après Raphael ne se montrent pas beaucoup plus scrupuleux. Un d'eux, toutefois, Nicolas Chapron, dans une suite d'estampes publiée en 1649 d'après les *Loges*, ne laisse pas de faire d'assez sérieux efforts pour conformer le style de sa traduction à celui des peintures originales; malheureusement le goût et le savoir insuffisants de l'artiste trahissent le plus souvent ses bonnes intentions : en voulant trop prouver sa force, le burin de Nicolas Chapron n'aboutit guère qu'à la lourdeur.

Un peu auparavant, Jean Morin entreprenait de graver une des *Vierges* de Raphael, la *Vierge* dite à l'*œillet;* mais son talent, si bien

LOUIS XIV COURONNÉ PAR LA VICTOIRE
d'après Watelé.

approprié à la reproduction des *portraits* de Van Dyck ou de Philippe de Champaigne, se trouvait dépaysé en face d'une œuvre où l'expression du vrai ne se complique d'aucun artifice pittoresque, où tout résulte de l'ingénuité même et de la grâce limpide du sentiment. Il n'est pas jusqu'au genre des procédés employés d'ordinaire par Morin, jusqu'à ce mélange, si opportun ailleurs, de travaux à l'eau-forte et de travaux au burin, qui ne compromette ici ou même qui ne dénature l'élégance sans effort, la simplicité charmante de la peinture originale.

Seul, parmi les contemporains d'Édelinck, François de Poilly paraît avoir cherché, dans ses gravures d'après Raphael, à s'identifier avec le style du maître. Ses deux planches, le *Sommeil de Jésus* et la petite *Sainte Famille*, d'après les tableaux conservés aujourd'hui au musée du Louvre[1], témoignent de la bonne foi de l'interprète et, à quelques égards, de sa perspicacité; mais, quelque estime qu'elles méritent et si habilement exécutées qu'elles soient, elles n'en gardent pas moins une certaine froideur dans l'aspect et, dans la disposition des travaux, une certaine tension, qui ne laissent pas de préjudicier à l'effet de l'ensemble comme à l'harmonie des détails.

Sous le burin d'Édelinck, au contraire, tout est en proportion et en accord; tout correspond aussi exactement aux intentions exprimées par le pinceau de Raphael qu'aux intentions personnelles du graveur, au juste sentiment chez lui des beautés qu'il s'agit de rendre et des moyens qu'il convient pour cela d'employer. Nul escamotage ici des difficultés techniques, nulle démonstration pédantesque non plus, ni insistance exagérée de l'outil. La main qui le dirige est ferme sans raideur, hardie sans témérité, savante sans ostentation; en un mot, l'extrême habileté dont elle fait preuve mérite d'autant mieux la louange qu'elle cherche moins à s'étaler et que, en gardant plus scrupuleusement la mesure, elle arrive presque à paraître toute simple.

Rien de plus remarquable pourtant, vu les caractères du modèle donné, qu'une pareille sobriété dans les procédés de traduction, et j'oserai ajouter qu'une pareille aisance, en face de beautés pittoresques incontestables, mais peut-être un peu laborieuses, un peu trop voulues en quelque sorte, au moins si on les compare au naturel exquis et au

1. A l'époque où François de Poilly grava ces deux tableaux, le premier appartenait au duc de La Vrillière, et c'est pourquoi les armoiries de ce seigneur figurent au bas de l'estampe; le second, qui d'ailleurs n'est très probablement pas tout entier de la main de Raphael, « appartenait, dit Lépicié dans son *Catalogue*, à M. Loménie de Brienne, lorsque Louis XIV le fit acheter ».

charme que respirent les œuvres antérieures de Raphael. Ne saurait-on, en effet, sans offense pour une gloire d'ailleurs au-dessus de toute atteinte, mêler certaines réserves à l'admiration que commande la *Sainte Famille de François Ier*, et, devant cet imposant ouvrage, se souvenir que celui qui l'a fait a eu le mérite plus haut encore, le privilège plus rare d'être le peintre de la *Dispute du Saint-Sacrement?* Ce peintre si merveilleusement doué, on le retrouve ici sans doute, mais en partie transformé et comme dominé par des préoccupations scientifiques auxquelles il sacrifie quelque chose des dons les plus précieux de son chaste génie. Veut-on, en opposant Raphael à lui-même, apprécier par un témoignage tout contraire ce qu'il y a, dans le tableau fait pour François Ier, d'effort préconçu et de style relativement apprêté? Que l'on jette les yeux sur l'incomparable étude à la sanguine conservée au musée du Louvre, et qui représente la future *Vierge* du tableau, indiquée en quelques coups de crayon, dans la vivacité souple d'une attitude surprise devant la nature, dans la fleur de l'expression rêvée et de la grâce pressentie par le maitre. Il y a là toute la vie intime, l'essence même, le suc d'un génie que l'on a pu, à bon droit, qualifier de « divin », tandis que la *Vierge* peinte et les figures qui l'entourent, si admirablement traitées qu'elles soient, ne nous en montrent pour ainsi dire que les côtés humains et les dehors. Raphael, enfin, déjà près de ses derniers jours quand il peignit cette *Sainte Famille*[1], en était alors à ce que l'on a appelé sa « troisième manière ». Comme s'il avait hâte, sous les menaces de la mort, de parcourir le champ de l'art tout entier, il travaillait à se renouveler, non sans quelque excès de zèle peut-être, et, nous le répétons, non sans quelque dommage pour la sincérité de son sentiment et de son style; de plus, pour mener à fin les nombreux travaux dont il était chargé, il se voyait obligé, — et il en fut ainsi pour

1. On sait que, comme le *Saint Michel*, destiné également au roi de France, la *Sainte Famille de François Ier* fut achevée en 1518. Les deux tableaux avaient été peints à la demande de Laurent de Médicis qui, après avoir envahi le duché d'Urbin, était venu en France solliciter la protection du roi, et qui, pour s'attirer les bonnes grâces de celui-ci, n'avait pas trouvé de moyen plus sûr que de recourir aux pinceaux de Raphael. C'est donc sur la foi d'une tradition erronée que l'on a si souvent représenté Raphael et François Ier luttant directement de générosité, à l'occasion de ces deux tableaux, et traitant presque de puissance à puissance. (Voy., pour plus d'éclaircissements, les *Vierges de Raphael*, par M. A. Gruyer, t. III, p. 414 et suivantes, et le *Raphael* de M. Eug. Müntz, 2e édition, p. 532 et suivantes.)

le tableau de François Ier, — d'en abandonner l'exécution, au moins partielle, à Jules Romain ou à tel autre de ses élèves. Quoi qu'il en soit, la *Sainte Famille*, conservée au musée du Louvre, est un des spécimens les plus considérables de cette « dernière manière » de Raphael. Si Édelinck, en entreprenant de reproduire un pareil tableau, s'imposait une tâche difficile, il y trouvait du moins l'occasion d'un travail tout autrement important et, en cas de succès, tout autrement honorable qu'aucun de ceux qu'il avait fait paraître jusque-là.

Ce fut à Colbert qu'Édelinck dut cette bonne fortune. Le Brun, nous l'avons dit plus haut, avait, à une époque antérieure, appelé l'attention du ministre sur le jeune graveur, et celui-ci, en réponse aux offres de protection qui lui étaient faites, avait exprimé le désir d'être envoyé à Rome, comme pensionnaire de l'Académie récemment fondée. Si l'on en croit même l'auteur du *Mémoire* plus d'une fois cité déjà, ce vœu, avant d'être formulé devant Colbert, aurait été directement soumis par Édelinck à Louis XIV, qui se serait empressé d'y faire droit : « Mais, ajoute l'écrivain, M. Colbert représenta au roi qu'il n'y avait pas alors à Rome aucun graveur d'un certain mérite, et qu'il était à craindre qu'on n'y fît à M. Édelinck un sort capable de l'y retenir ; c'en fut assez pour déterminer le roi à une autre résolution. L'ordre pour la pension de Rome fut révoqué, et le Mécène de la France, pour y fixer à jamais M. Édelinck, lui donna de l'ouvrage et pourvut à son établissement[1]. »

Or, cet « ouvrage » ainsi « donné », cette première tâche que Colbert confiait à Édelinck, il l'en chargeait, non pas au nom du roi, mais pour son propre compte et à l'occasion d'un prochain événement de famille. Le second fils de Colbert, destiné dès son enfance à l'état ecclésiastique[2], se préparait alors à soutenir en Sorbonne sa thèse de doctorat : ce fut pour l'ornement de cette thèse qu'Édelinck eut à graver la *Sainte Famille,* d'après Raphael, et de là vient que les premières épreuves de sa planche portent, dans le bas, les armes de Colbert[3]. Un peu plus tard,

1. *Mémoires*, etc., t. II, p. 48.

2. Jacques-Nicolas Colbert, né à Paris en 1654, mort en 1707. Il devint docteur de la maison et société de Sorbonne, abbé du Bec, archevêque de Rouen, et fut en outre membre de l'Académie française et de l'Académie des inscriptions.

3. Les épreuves de cet *état* ne peuvent, à vrai dire, être considérées comme les premières qui aient été tirées puisqu'on en connait trois d'un état antérieur, conservées, l'une au département des estampes de notre Bibliothèque nationale, les deux

DIANE
d'après la statue de Martin Desiardins.

quand son œuvre reçut une nouvelle destination et fut devenue la propriété du roi, ces armes durent naturellement disparaître. L'estampe ainsi modifiée fit partie de la série dite des *Tableaux*, dans le magnifique recueil intitulé : le *Cabinet du roi*, où une autre gravure de la main d'Édelinck, la *Tente de Darius*, d'après Le Brun, allait aussi prendre sa place et former, avec celles qu'a signées Gérard Audran, l'admirable ensemble des grandes planches connues sous ce titre collectif : les *Batailles d'Alexandre*.

La publication des estampes dont se compose le *Cabinet du roi* est, dans l'histoire de l'art français au XVIIe siècle, un des faits les plus mémorables, un de ceux qui démontrent le mieux l'élévation des idées de Colbert, la munificence de Louis XIV et les mérites particuliers des artistes appartenant à cette grande époque. En concevant une aussi vaste entreprise, l'homme illustre à l'initiative duquel on devait déjà tant de réformes utiles, tant de fondations favorables au développement de tous les arts; celui qui, par l'acquisition des collections de l'abbé de Marolles, avait constitué le Cabinet des estampes à la Bibliothèque du roi, et qui, par de nouvelles acquisitions, l'enrichissait d'année en année, celui-là voulait encore qu'à côté des œuvres de la gravure ancienne produites dans tous les pays, les œuvres de la gravure moderne vinssent attester les progrès accomplis en France depuis l'avènement de Louis XIV; il voulait que les graveurs contemporains, réunissant leurs efforts, travaillassent, pour l'honneur du présent comme pour le profit de l'avenir, à consacrer, dans un monument élevé en commun, le mouvement de l'art national en même temps que tous les souvenirs du règne. De là cette variété dans les sujets, dans les caractères des talents employés, dans les formats mêmes des planches. Le *Cabinet du roi*, qui contient tant de pièces historiques ou seulement curieuses, à côté des plus sévères tableaux des anciens maîtres, — depuis les *Conquêtes de Louis XIV* et

autres à Vienne et à Berlin. Ces trois précieuses épreuves sont, non seulement avant les armes de l'abbé Colbert, mais même avant l'inscription latine et française que portent les épreuves où ces armes se trouvent, et avant les noms du peintre et du graveur, à gauche et à droite.

L'épreuve que possède la Bibliothèque nationale avait fait successivement partie, en France, des collections de Rubempré, Paignon-Dijonval et Morel de Vindé; en Angleterre, du cabinet Woodburn et de la collection du duc de Buckingham. A la vente de celle-ci, en 1834, elle fut acquise pour la Bibliothèque royale de Paris, au prix de 2,300 francs.

L'ÉTÉ

d'après la statue de Pierre Hutinot.

les *Fêtes de Versailles*, jusqu'au *Christ déposé dans le sépulcre* ou aux *Pèlerins d'Emmaüs*, d'après Titien, jusqu'à la *Sainte Famille* gravée par Édelinck, d'après Raphael, — cet ensemble de près de mille pièces[1], dues au burin des plus habiles graveurs, devint, grâce à la sollicitude de Colbert et aux talents de ceux qui exécutèrent son projet, un élément de progrès pour le goût public en France et pour la bonne renommée de notre école. Et comme, dans la pensée de Colbert, il s'agissait avant tout de mettre à la portée du plus grand nombre ces chefs-d'œuvre de la gravure française, l'avertissement suivant était joint au catalogue imprimé qui indiquait les titres et les sujets :

« On a employé les plus excellents ouvriers pour graver ces planches, et il ne se peut que ce travail n'ait beaucoup coûté. Cependant, le prix qu'on y a mis est si médiocre, qu'on voit bien que c'est un effet de la libéralité du roi, qui en veut faire présent au public, et qui est bien aise que l'avantage qu'en retireront ses sujets soit communiqué aux étrangers... »

Le prix fixé était en effet bien « médiocre », puisqu'il ne s'élevait pas au-dessus de 27 livres pour « les cinq grandes pièces de l'*Histoire d'Alexandre*, gravées d'après les tableaux de M. Le Brun », au-dessus de 7 sols « pour chacune des estampes séparées d'après les tableaux du roi », c'est-à-dire pour la *Sainte Famille* d'Édelinck entre autres. Quant à la somme allouée au graveur en rémunération de son travail, nous

1. Les planches composant le *Cabinet du roi* n'atteignirent toutefois à ce chiffre que dans les premières années du règne de Louis XV. Celles qui parurent avant cette époque, soit qu'elles fussent publiées isolément, soit qu'elles formassent des suites homogènes, comme les séries intitulées *Tableaux du cabinet du roi, Statues et bustes antiques des maisons royales, Tapisseries du roi*, etc., ne dépassaient guère le nombre de cinq ou six cents; mais les plus importantes et les plus belles de beaucoup avaient paru du vivant de Colbert, par conséquent antérieurement à l'année 1683.

Le *Cabinet du roi*, avec les compléments qu'il a reçus au XVIIIe siècle, comprend neuf cent cinquante-six pièces contenues dans vingt-trois volumes de même dimension. A l'origine, cette unité de format n'existait pas, la grandeur des planches publiées au fur et à mesure de l'exécution variant de l'in-folio, et même de la *carta maxima* à l'in-4°. Plusieurs années seulement après l'achèvement des dernières planches, il fut décidé qu'à l'avenir toutes les épreuves seraient tirées sur des feuilles d'une même grandeur, de manière à pouvoir être reliées dans des volumes uniformes.

On pourra du reste, quant à ces détails, comme pour tout ce qui se rattache à la confection chronologique du *Cabinet du roi*, consulter avec fruit un travail inséré, en 1869, par M. Georges Duplessis, dans le *Bibliophile français*, sous ce titre : le *Cabinet du roi : Collection d'estampes commandées par Louis XIV*.

JEUNE FILLE EN HABIT DE BERGÈRE
d'après la statue de Pierre Garnier.

ignorons ce qu'elle put être. Le prix dont on a payé la planche de la *Sainte Famille* ne figure pas dans les *Comptes des bâtiments du roi*, et cela s'explique, puisque cette planche, originairement commandée par Colbert, a été gravée aux frais de celui-ci. Ce que nous savons seulement, c'est que, pour la gravure de la *Tente de Darius*, Édelinck reçut en tout 5,500 livres[1]; un premier acompte sur cette somme lui ayant été payé le 31 juillet 1671, il s'ensuit que le commencement du travail remonte à peu près à la même date[2].

Édelinck était donc âgé de trente et un ans quand il entreprit sa première grande planche d'après Le Brun, et les résultats prouvent assez qu'il était arrivé dès lors à la pleine possession de son talent, à l'expérience complète de ses propres forces et de son art. Quoi de plus ingénieux et de plus personnel au fond que cette interprétation d'un modèle insuffisant, défectueux même dans quelques parties, malgré le très réel mérite de l'ensemble? Quoi de plus fidèle néanmoins en apparence, de plus conforme aux caractères généraux de l'œuvre originale, aux intentions qu'elle résume, aux habitudes d'esprit et au goût qui l'ont inspirée? Seulement, ces intentions un peu théâtrales du peintre, ce style un peu pesant, ce goût souvent voisin de l'affectation, le graveur, tout en se gardant de les réformer outre mesure, en atténue si bien l'expression qu'il réussit à les dissimuler, à rejeter dans l'ombre les faiblesses pour mettre les qualités en lumière avec un surcroît de relief et d'accent. Sous son burin, le coloris tantôt lourd, tantôt violent de Le Brun, acquiert une légèreté ou une richesse harmonieuse; la mollesse du dessin devient de la souplesse, tandis que l'ampleur de l'ordonnance et l'abondante variété des attitudes et des gestes ressortent d'autant mieux que les détails sont plus résolument simplifiés par Édelinck, les effets du clair-obscur plus franchement accusés. En un mot, ici comme dans les *Batailles d'Alexandre*, gravées par Gérard Audran d'après le même peintre, la qualité maîtresse de Le Brun, l'imagination, frappe au premier coup d'œil que l'on jette sur l'estampe; peut-être même y apparaît-elle avec plus d'évidence que dans le tableau, parce qu'elle

1. Archives nationales, *Bâtiments du roi* (O. 10,405), année 1676.

2. On trouvera des renseignements sur les prix dont quelques-uns des ouvrages d'Édelinck ont été payés, de l'année 1672 à l'année 1680, dans le tome Ier du très instructif recueil publié par M. Jules Guiffrey sous ce titre : *Comptes des bâtiments du roi sous le règne de Louis XIV. — Colbert.*

n'y est ni déparée par des fautes contre l'harmonie, ni compromise par une exécution trop souvent conventionnelle ou équivoque. Et cette clarté dans l'aspect de la planche, ces contrastes si largement établis et, en même temps, ces transitions si adroitement ménagées entre les tons vigoureux ou opulents et les tons plus ou moins lumineux, — tout cela est obtenu par des travaux exécutés d'un bout à l'autre au burin, sans aucune préparation à l'eau-forte, par conséquent sans les secours que trouvait Audran dans l'emploi de ce procédé préliminaire ; procédé dont il lui arrivait même d'élargir si bien la part que le burin n'avait plus à intervenir que çà et là, comme instrument de retouche plutôt que comme agent principal du sentiment et des intentions du graveur.

Dans aucune de ses œuvres au surplus, Édelinck ne s'est départi de la méthode adoptée pour la gravure de la *Tente de Darius* et pour celle de la *Sainte Famille*. Partout et toujours, c'est uniquement du burin qu'il se sert, et le fait de cette préférence permanente pour un moyen d'exécution aussi lent se concilie difficilement en apparence avec le nombre des ouvrages laissés par le maître. Faut-il, pour s'expliquer cette anomalie, supposer que, à l'exemple d'autres graveurs, Édelinck aurait eu recours à des aides auxquels il livrait les parties secondaires de ses tâches, sauf à parfaire de sa propre main la besogne entamée par ces auxiliaires ? Il est possible que la chose ait eu lieu, et que, comme on l'a dit, les deux frères ou certains élèves d'Édelinck, Trouvain entre autres, aient été quelquefois associés par lui à ses travaux. En tout cas, ils n'ont dû y participer que dans une mesure très restreinte et là seulement où il s'agissait d'opérations purement matérielles, d'un fond de portrait par exemple à couvrir de tailles, d'une *terrasse* ou d'une console de support à préparer. La preuve en est la manière même dont tous les accessoires, depuis les plus importants jusqu'aux moindres, sont traités dans les planches du maître. Nulle part on ne relèvera l'empreinte d'une autre main que la sienne, nulle part on ne surprendra la trace d'une négligence ou d'une inégalité dans le travail.

Veut-on un témoignage sans réplique de ce parti pris chez Édelinck de ne s'en rapporter qu'à lui du soin de tout étudier et de tout rendre ? Que l'on examine la draperie qui, dans le beau portrait de *Charles Le Brun*, d'après Largillière, surmonte et entoure la bordure ovale servant de cadre à l'image du célèbre peintre : voilà certes un complément pittoresque qu'Édelinck aurait eu le droit de dédaigner, un accessoire purement décoratif dont il lui eût été bien permis d'abandonner à autrui l'exécution. Et pourtant, on n'en saurait douter, Édelinck n'a pas jugé un pareil détail indigne de son burin. Il est manifestement impossible que cette draperie n'ait pas été gravée par lui, tant il y a de *maestria* dans la disposition des tailles qui la modèlent, tant le mouvement des plis et les effets partiels du coloris sont indiqués avec cet incomparable mélange de liberté et de précision qui distingue en toute occasion son faire. On pourrait aisément multiplier les exemples, citer dans bien d'autres œuvres du maître des détails du même genre aussi évidemment gravés sans l'intervention d'une main étrangère : il suffira de celui que nous venons de rappeler pour démontrer ce que nous avancions tout à l'heure et pour faire justice de toutes les hypothèses formulées dans un autre sens.

Si donc Édelinck nous a légué plus de trois cent trente planches entièrement gravées par lui, s'il a pu, dans l'espace de quarante années à peu près, produire à lui seul autant de belles œuvres qu'en devaient laisser les plus habiles graveurs de son temps tous ensemble, c'est qu'il a eu le don d'une rare facilité unie à une certitude de sentiment et à une science aussi rares; c'est que le privilège lui a appartenu de combiner les facultés d'un artiste né avec la conscience d'un praticien opiniâtrement studieux, et que, sans jamais abuser de lui-même, sans cesser un instant de respecter son art, il a trouvé amplement dans ses propres ressources de quoi contenter toutes les exigences et défrayer toutes ses ambitions. « Rien n'est négligé dans ses ouvrages, dit très justement Mariette; chaque objet y est traité de la manière et dans le goût qui lui convient, et il y règne une suavité de tons soutenue par une couleur brillante, que l'on ne rencontre pas ailleurs. C'est que Gérard Édelinck travaillait avec tant d'aisance, que ce qu'il gravait il le faisait presque toujours au premier coup, sans être obligé d'y revenir comme la plupart des autres graveurs. C'était un don de la nature, et ceux qui l'ont vu travailler étaient surpris de la facilité avec laquelle il promenait son burin sur le cuivre. De là le grand nombre de pièces que l'on voit de lui, dont il n'y en a aucune qui ne soit très terminée et qui toutes cependant sont gravées au burin; manière qui est d'ailleurs si peu expéditive. »

La publication de la planche représentant la *Tente de Darius* ou, suivant une dénomination moins généralement usitée mais plus exacte,

EUTERPE, LES RIS ET LES JEUX

d'après Coypel. — (Vignette pour l'ouvrage intitulé : le *Cabinet des Beaux-Arts*.)

la *Famille de Darius aux pieds d'Alexandre*, avait achevé de cimenter la liaison d'Édelinck avec Le Brun, et celui-ci, heureux d'un succès dont une grande part en réalité lui revenait, ne négligea pas, on le conçoit, les occasions de le renouveler. A sa sollicitation, on dirait presque par son ordre, car Le Brun exerçait alors une autorité absolue sur tout ce qui intéressait l'art et les artistes, Édelinck dut graver coup sur coup plusieurs des principaux tableaux du premier peintre du roi : le *Christ en croix* entouré d'anges et la *Madeleine*, — tous deux conservés aujourd'hui au musée du Louvre, — *Saint Louis prosterné devant la couronne d'épines*, enfin *Saint Charles Borromée en prière*, pendant la peste de Milan : toile moins connue aujourd'hui que beaucoup d'autres de la même main, et pourtant une de celles où Le Brun a le mieux racheté les imperfections de l'exécution matérielle ou du style par la largeur et la majesté des intentions. On n'en saurait dire autant, assurément, du *Christ aux Anges* et de la *Madeleine*, bien que, à l'époque où ils furent rendus publics, ces deux ouvrages aient paru préférables à tous les tableaux sur des sujets analogues dus à des peintres français, y compris même les tableaux de Lesueur.

Rien de moins pieusement inspiré en effet, rien de plus fade, au point de vue des sentiments éprouvés par le peintre et de l'émotion qu'il prétendait apparemment communiquer au spectateur. Il semble qu'en groupant autour de la croix où le Sauveur expire une ou deux douzaines d'adolescents ou d'adolescentes déguisées en anges pour ainsi dire et aussi coquettement attristées que vêtues, Le Brun ait cru faire acte suffisant de peintre religieux, et que, sous couleur de scène sacrée, il ne se soit proposé rien de plus que de transporter sur la toile ses modèles et ses souvenirs de la cour. Certes, pour faire sentir le vide de cette interprétation profane de l'Évangile, il n'est nullement besoin d'invoquer les grands exemples, de rappeler ce qu'ont imaginé sur des données pareilles Giotto, Jean de Fiesole et leurs successeurs en Italie, Van Eyck et Memling en Flandre ; sans chercher aussi loin ni aussi haut des termes de comparaison, sans sortir ni des limites de notre pays, ni du temps où Le Brun a vécu, il suffira de se souvenir de la *Déposition de croix* et de la *Sainte Véronique* de Lesueur, ou, mieux encore, de rapprocher par la pensée des prétendus anges du *Christ en croix* ces deux figures de jeunes filles d'une grâce si touchante et si immatérielle, ces deux âmes rendues visibles en quelque sorte par le pinceau du doux artiste dans

SAINTE MADELEINE

d'après Charles Le Brun.

l'*Apparition de sainte Scholastique à saint Benoît.* Rien dans ces chastes compositions, rien dans ces suaves figures qui trahisse la moindre velléité d'imitation des œuvres produites par les anciens maîtres italiens ou flamands, si tant est même que le peintre français les ait connues. Tout se ressent du génie même de l'école et des coutumes morales de l'époque auxquelles Lesueur appartenait; mais, contrairement au parti pris systématique et à la manière, inutilement pompeuse en pareil cas, de son contemporain, Lesueur, quand il aborde un sujet religieux, prend bien plutôt conseil de son cœur que de son esprit; il entend avant tout rester sincère, et si, dans les formes de son style, quelque chose s'introduit parfois du faux goût ou des préjugés environnants, il n'en demeure pas moins au fond ingénument ému et, par cela même, sûrement persuasif. Le Brun, lui, en matière d'art religieux, cherche son idéal ailleurs. Au lieu de le demander naïvement à lui-même et de le dégager de ses propres impressions, il prétend le rencontrer, au hasard des occasions, dans ce qui l'entoure, ou plutôt, — et la *Madeleine repentante* en fournirait un témoignage aussi peu équivoque que le *Christ aux anges,* — un sujet de sainteté n'est guère aux yeux de Le Brun qu'un thème pittoresque à traiter conformément aux mœurs du milieu où il vit, et, à quelques modifications près de physionomie ou de costume, un prétexte pour mettre en scène les personnages de son temps.

La *Madeleine*, dit-on, aurait même, sous le couvert d'une allusion à un lointain passé, une signification plus particulière encore et plus expressément moderne; elle consacrerait en réalité les souvenirs de la conversion éclatante et de la pénitence de Mlle de la Vallière [1]. Et en effet il serait assez difficile au premier aspect de reconnaître la pécheresse de l'Évangile dans cette belle dame vêtue de satin et de brocart, agenouillée, à côté d'une toilette sortie des ateliers de Germain ou de Boulle, sur un tabouret de même provenance, et arrachant de ses cheveux, de ses poignets, de son col, des joyaux achetés la veille chez les bijoutiers de la galerie du Palais. Si le nom de la *Madeleine* ne

1. Ce qui donne une sérieuse vraisemblance à la tradition suivant laquelle la *Sainte Madeleine pénitente* aurait été peinte à cette intention, c'est que le tableau de Le Brun passa de son atelier dans l'église du couvent des Carmélites de la rue Saint-Jacques, où l'on sait que l'ex-duchesse de La Vallière se retira sous le nom de sœur *Louise de la Miséricorde* et où elle mourut en 1710.

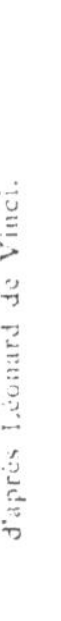

LES QUATRE CAVALIERS
d'après Léonard de Vinci.

FLANDRES. — GRAVEURS. GÉRARD EDELINCK. — 4

figure ici que pour mémoire, si l'on n'a voulu qu'attacher cette étiquette à l'image d'une repentie de la cour de Louis XIV, passe encore; mais était-ce une raison pour donner au personnage représenté cette attitude à la fois flasque et tourmentée, à l'ensemble de la scène ce caractère théâtral? Cela surtout excuse-t-il l'aridité d'un coloris qui, malgré tant d'éléments d'opulence, malgré l'accumulation de tant d'objets divers et de tant d'étoffes chatoyantes, n'en demeure pas moins inerte et monotone? Et cependant, que reste-t-il de ces défauts dans la planche gravée par Édelinck? Sans doute, ici comme en face du *Christ aux anges*, il ne dépendait pas du graveur de réformer l'esprit de la composition ou d'en modifier les lignes à sa guise. Ce qui lui appartenait seulement, c'était d'interpréter le tout dans un sens pittoresque plus simple et, sans infidélité apparente, de substituer à l'agitation du dessin le mouvement modéré, à l'effacement ou à la dureté des tons la précision et la souplesse; c'était enfin d'arriver, par la ferme conduite des travaux et par la sobriété de la pratique, à corriger ce que l'original pouvait avoir dans l'exécution d'hésitant ou de surchargé. Or, un autre qu'Édelinck se serait-il, aussi bien que lui, acquitté de cette tâche? Un autre, en reproduisant ces deux médiocres tableaux de Le Brun, aurait-il ainsi trouvé le secret de les embellir et de les convertir en chefs-d'œuvre par le fait même de leur transport sur le cuivre? La *Madeleine* principalement montre ce que le burin du graveur était capable d'ajouter de force ou de grâce aux données fournies par le pinceau. Mieux encore que le *Christ aux anges*, elle détermine la mesure des qualités personnelles qu'Édelinck apporte dans son office de traducteur, et de l'art consommé, de l'habileté supérieure dont il dispose, pour rendre plus correct ou, au besoin, pour enrichir le texte qu'il s'est approprié.

Une planche d'après un modèle bien différent à tous égards des tableaux de Le Brun achèverait de mettre en lumière l'étendue et les ressources variées du talent d'Édelinck, et la rare énergie, le cas échéant, de son burin, si délicat ailleurs et si flexible : nous voulons parler de l'estampe dite les *Quatre Cavaliers*, où il a reproduit un fragment du célèbre carton de la *Bataille d'Anghiari*, exécuté par Léonard de Vinci, pour la décoration du Palais Public, à Florence.

On sait que lorsque la Seigneurie de Florence eut décidé, vers la fin de l'année 1503, de faire orner de peintures murales la grande salle du Conseil, au Palais Public, Léonard de Vinci, alors âgé de cinquante-deux ans, et Michel-Ange, qui n'en avait encore que vingt-neuf, furent chargés chacun de représenter une scène tirée de l'histoire de la République. Léonard prit pour sujet la bataille d'Anghiari, livrée en 1440 par les Florentins aux troupes du duc de Milan, c'est-à-dire la défaite de celles-ci et du chef qui les commandait, Niccolò Piccinino. Au bout d'une année, dit-on, le maître avait terminé le carton d'après lequel il devait peindre, et, dès le mois d'avril 1505, il commençait à opérer sur la muraille; mais bientôt la mauvaise composition de l'enduit qui recouvrait cette muraille et l'emploi imprudent de certains moyens de dessiccation pour les couleurs amenèrent des accidents tels que Léonard, dégoûté de son travail, l'abandonna pour ne plus le reprendre. Restée à l'état d'ébauche et de ruine en même temps, de plus en plus envahie par les taches et les gerçures, cette peinture, était au dire des contemporains, presque complètement anéantie dès 1513; elle acheva de disparaître vingt-sept ans plus tard, lorsque la place qu'elle occupait fut livrée, avec le reste de la salle, aux fâcheux pinceaux de Vasari et des siens. Quant au carton, après avoir été pendant quelque temps exposé en regard de celui que Michel-Ange avait dessiné, il fut à son tour détruit, on ne sait, — quoi qu'il ait été dit à ce sujet, — ni dans quelles circonstances, ni par quelles mains.

De la grande œuvre que Léonard avait conçue et des travaux par lesquels il avait entendu en préparer l'exécution il ne resterait donc plus rien aujourd'hui, si deux ou trois petites copies peintes, — dont une, fort imparfaite d'ailleurs, mais appartenant certainement aux premières années du XVIe siècle, a été assez récemment gravée[1], — si quelques dessins ou croquis de diverses origines, et surtout si les épreuves de la planche gravée par Édelinck ne nous avaient conservé au moins l'ordonnance générale de la scène.

D'où vient toutefois que l'œuvre du peintre florentin ait pris sous le burin d'Édelinck l'apparence d'une production de l'école flamande? Comment se fait-il que l'estampe éveille au premier aspect le souvenir de Rubens et de son style bien plutôt que celui de Léonard et des mérites qui lui sont propres? La faute n'en est pas au graveur. Tout tient au modèle dont il a été réduit à se servir, c'est-à-dire à l'infidélité

1. La planche gravée d'après cette copie fait partie des collections conservées à la Chalcographie des musées du Louvre. Elle est due au burin de M. William Haussoullier.

relative d'une copie qu'il lui a fallu copier à son tour, au lieu d'opérer, suivant les procédés ordinaires, directement d'après l'original. Or, cette copie est flamande, et Rubens, dont on connaît l'extrême indépendance toutes les fois qu'il s'est agi pour lui d'interpréter les œuvres d'autrui, demeure en réalité seul responsable des torts apparents du graveur. Pendant son séjour en Italie, Rubens avait eu l'occasion de voir, non pas le carton de la *Bataille d'Anghiari* qui déjà n'existait plus à cette

LE DUC ET LA DUCHESSE DE BOURGOGNE.

époque, mais quelqu'une des copies qu'on en avait faites, et un dessin de sa main appartenant depuis 1852 au musée du Louvre reproduit, avec d'évidentes modifications dans les formes partielles et dans le style, la composition de Léonard. Est-ce d'après ce dessin même qu'Édelinck aurait travaillé? Rien de plus douteux, puisque aucun document n'autorise à penser que l'œuvre de Rubens se trouvât en France au XVIIe siècle. En tout cas, elle faisait partie, dans le siècle suivant, d'une collection formée à Stockholm. « Il est très probable, dit à ce sujet M. Reiset, que le dessin flamand mentionné par Mariette comme ayant servi de modèle à Édelinck n'était autre chose qu'une copie de notre dessin de

Rubens, copie assez faible qui a appartenu à sir Thomas Lawrence et ensuite au roi des Pays-Bas [1]. »

Des explications qui précèdent il résulte que, italienne à l'origine, naturalisée flamande par la main d'un copiste ou de deux copistes successifs, la composition qu'Édelinck a reproduite participe à la fois de Léonard et de Rubens ; ou plutôt, à force d'avoir été dans les formes révisée par celui-ci, elle ne garde presque plus rien de sa physionomie

MARIE-THÉRÈSE, REINE DE FRANCE.

première. Aussi, pour rendre une scène où prédominait en réalité la manière du grand peintre d'Anvers, Édelinck jugea-t-il que le mieux était de procéder comme auraient pu le faire les graveurs directement formés à l'école de Rubens. C'est en s'inspirant de leurs exemples qu'il grava sa planche des *Quatre Cavaliers*, œuvre digne de Bolswert ou de Vorsterman par la vigueur de burin avec laquelle elle est traitée et par la puissance du coloris et de l'effet : œuvre très individuelle pourtant, où — ne fût-ce que dans le choix et la disposition des travaux — l'origi-

1. *Notice des dessins exposés dans les salles du musée du Louvre*, t. I, p. 319.

nalité du graveur se fait jour sous l'imitation apparente d'autrui; où quelque chose de méthodique et de réglé se sent jusque dans les témoignages les plus chaleureux de la verve; où tout enfin, malgré les souvenirs qu'éveille le premier aspect et les comparaisons qu'il autorise, porte l'empreinte d'un talent foncièrement capable de se suffire à lui-même ou d'adapter à ses coutumes propres les conseils ou les enseignements puisés au dehors.

Des nombreuses pièces sorties du burin d'Édelinck à partir de l'époque où il eut gravé la *Sainte Famille de François Ier*, l'estampe dite les *Quatre Cavaliers* est d'ailleurs, nous le croyons, la seule qui permettrait de soupçonner chez le maître quelque arrière-pensée d'emprunt, quelque velléité de s'assimiler dans une certaine mesure la manière de sentir ou les procédés des graveurs qui l'ont précédé. Tous ses autres ouvrages, si variés qu'en soient les formes et l'esprit, ne sont, au point de vue de la gravure proprement dite, renouvelés de personne; ils résultent tout entiers de ses aptitudes particulières, ils n'accusent, dans leur diversité, que l'incroyable souplesse de son talent. Qu'Édelinck grave le *Déluge* d'après Alexandre Véronèse[1], des *Frontispices de thèses* d'après Le Brun et Mignard, les *Statues* du jardin de Versailles ou la suite des *Médailles sur les principaux événements du règne de Louis XIV*, — partout il se montre indépendant des traditions antérieures ou des exemples contemporains de la gravure; partout il procède, suivant la signification particulière de la peinture ou de la sculpture qu'il a devant les yeux, sans autre guide que sa sagacité instinctive, sans autre secours que son expérience personnelle. Les deux cents *portraits* environ qu'il a gravés d'après des modèles peints ou dessinés de style et de caractères si différents, ces œuvres du même genre par les sujets, d'aspect et d'expression si dissemblables par la manière dont le graveur les a comprises et exécutées, suffiraient de reste pour justifier les observations qui précèdent. Pas un de ces portraits que l'on puisse attribuer à un autre graveur qu'Édelinck, pas un non plus qui, dans les formes du travail, trahisse

1. Édelinck, il est vrai, ne fit que terminer la gravure du *Déluge* commencée par ses frères Jean et Gaspard, pour la suite des *Tableaux du cabinet du roi*; mais cette participation du maître à l'exécution de la planche dont il s'agit — participation établie d'ailleurs par les *Comptes des bâtiments* qu'a publiés M. Guiffrey (t. I, *années 1678 et 1679*) — a été évidemment assez large et, dans les résultats, assez heureuse, pour que l'on puisse comprendre le *Déluge* parmi les travaux et même parmi les travaux principaux de Gérard Édelinck.

PHILIPPE DE CHAMPAIGNE

d'après le portrait peint par lui-même.

des habitudes une fois prises et reproduise ce qui a été fait ailleurs par la même main; si bien que ces témoignages multiples étonnent ou charment également le regard et que, sous l'impression immédiatement produite, on ne songe même pas à les comparer, encore moins à les préférer les uns aux autres.

S'il fallait toutefois faire un choix dans ce riche ensemble et, parmi ces portraits admirables à des titres divers, s'arrêter à celui qui résumerait avec le plus d'éclat les mérites distinctifs d'Édelinck dans un ordre de travaux où d'autres ont excellé à côté de lui, ce serait, croyons-nous, sur le portrait de ***Philippe de Champaigne*** que ce choix devrait se porter. On ne ferait au surplus par là que se conformer à l'avis d'Édelinck lui-même. Le maître, dit-on, regardait cette planche comme le meilleur de ses ouvrages, et, de plus, sa modestie accoutumée ne l'aurait pas empêché d'avouer un jour à ses amis qu'aucun autre graveur peut-être ne se serait « mieux que lui tiré de pareille besogne ».

Rien de plus légitime que ce mouvement d'orgueil, le seul du reste dont on puisse surprendre une trace dans la vie du bon et honnête artiste; rien non plus que de strictement juste dans le jugement porté par lui sur la valeur tout exceptionnelle de son œuvre, sauf pour nous à en compléter les termes, et à ajouter que nul n'aurait su faire « aussi bien » là où Édelinck reconnaissait seulement qu'il eût été difficile de faire « mieux ». Nanteuil lui-même, quelques preuves qu'il ait données de son insigne habileté dans des chefs-d'œuvre tels, entre autres, que les portraits de *Pomponne de Bellièvre*, de *La Mothe Le Vayer*, de *Van Steenberghen*, Nanteuil en pareil cas se serait-il abstenu, aussi scrupuleusement qu'Édelinck, de tout ce qui aurait pu compromettre la majesté calme, l'austère tranquillité de l'aspect, et introduire une sorte d'animation ou de grâce mondaine dans cette image destinée surtout à exprimer la quiétude philosophique d'une âme au-dessus des agitations du monde? Peut-être, en raison même de l'élégance exquise de son burin, aurait-il été tenté d'enjoliver quelque peu, au moins par le mode de travail, la physionomie du modèle et, pour ainsi dire, d'en compliquer la sérénité. Édelinck au contraire s'est attaché, et il a merveilleusement réussi, à dissimuler ici la science ou la finesse de ses calculs sous la simplicité apparente des procédés techniques, à faire oublier presque l'extrême adresse de sa main, pour laisser prédominer et s'affirmer, à l'exclusion du reste, les intentions de son esprit, ou plutôt les sentiments de son cœur.

CHARLES LE BRUN
d'après Largillière.

Nous avons dit plus haut qu'en gravant le portrait de *Philippe de Champaigne* deux ans après la mort de celui-ci, Édelinck entendait acquitter une dette de reconnaissance et consacrer par cet hommage posthume la mémoire d'un homme qui avait été son bienfaiteur et son ami. Le but qu'il se proposait pouvait-il être plus complètement atteint? Le portrait gravé de *Philippe de Champaigne* n'est pas seulement une œuvre belle en soi, une des plus belles même que l'art de la gravure ait jamais produites : c'est, sous les dehors d'une pratique savamment impassible, une œuvre profondément émue et, par cela même, émouvante. Elle fait connaître et aimer celui qu'elle représente autant qu'elle honore celui qui en est l'auteur, et l'on peut dire qu'en définissant ainsi la nature intime et le caractère d'un autre, Édelinck nous révèle aussi les secrets de son propre tempérament moral[1].

Le portrait de *Charles Le Brun*, gravé peu après le portrait de *Philippe de Champaigne*, fournit une nouvelle preuve de la fidélité d'Édelinck au souvenir des services rendus; mais, sauf l'analogie des sentiments qui les ont inspirés l'un et l'autre, rien de commun entre les deux ouvrages. Autant l'image du peintre janséniste est d'une exécution sobre et d'une expression contenue, autant celle du premier peintre du roi est d'un travail ouvertement riche, d'une expression en dehors, d'une physionomie conforme à la dignité un peu hautaine et aux habitudes artificielles d'un homme de cour. Et la différence ne résulte pas seulement des contrastes que peuvent présenter les peintures prises par le graveur pour modèles. Sans doute le pinceau de Largillière a de tout autres coutumes que le pinceau de Philippe de Champaigne, et dans le portrait de *Le Brun* comme ailleurs, comme partout, il procède avec une vivacité et un éclat

1. Il n'est pas rare de rencontrer d'assez bonnes épreuves de cette belle planche conservée à la Chalcographie du Louvre, comme le portrait original, peint par Philippe de Champaigne lui-même, figure dans la galerie des tableaux; mais les épreuves du premier tirage décrites par Robert-Dumesnil (*le Peintre-Graveur français*, t. VII, p. 239) sont en très petit nombre, et l'on n'en connaît qu'une seule — celle que possède notre Bibliothèque nationale — d'un état antérieur à cet état signalé par Robert-Dumesnil comme le premier. L'épreuve dont il s'agit est non seulement avant toute lettre, mais avant plusieurs travaux dans les collines qui s'élèvent à l'horizon, derrière les monuments de la ville de Bruxelles, patrie de Philippe de Champaigne, et avant les contre-tailles sur le tertre servant de support au bras droit du peintre. Cette épreuve d'essai, unique jusqu'à présent, a fait partie du cabinet de Seitivaux et, plus tard, de la collection Debois. A la vente de celle-ci, en 1844, elle fut acquise par la Bibliothèque, pour la somme de 1,417 francs.

L'ABBÉ BIGNON

d'après Cath. de la Roue.

dont on ne trouverait nullement les équivalents dans les graves et calmes ouvrages du peintre bruxellois. Il était donc tout naturel que, sous peine de trahir son mandat, le traducteur de Largillière se pénétrât de l'esprit du texte qu'il avait à faire passer dans sa langue et qu'il s'appliquât à rendre brillamment à son tour ce qui avait été une première fois brillamment exprimé; mais quelles ressources ne fallait-il pas qu'il trouvât en lui-même pour mener l'entreprise à bonne fin! Avec quelle hardiesse et, en même temps, avec quelle prudence ne devait-il pas agir pour donner à son travail l'animation nécessaire sans en troubler l'aspect par l'étalage de la dextérité, sans en morceler le sens par la multiplicité des détails! Tel qu'Édelinck a su le faire, le portrait de *Le Brun* se ressent du style plein, étoffé, un peu pompeux, que comporte la peinture originale, et qui convient si bien à l'importance extérieure et au rôle du personnage représenté; il reproduit à souhait les allures de ce style, il en garde les apparences caractéristiques, les formes principales, mais il a, dans l'expression des formes partielles une finesse et, dans le coloris général, une légèreté, dont la toile peinte par Largillière ne laisse pas d'être dépourvue et qui, tout en achevant la signification de celle-ci, donnent à l'œuvre du graveur un charme et un prix particuliers.

Si, par l'exécution des deux portraits que nous venons de mentionner, comme par celle du portrait de *Colbert*, inscrit sous le n° 171 dans le catalogue de Robert-Dumesnil[1], Édelinck exprimait publiquement sa gratitude envers ses premiers protecteurs, c'était aussi pour reconnaître les bons offices d'un homme, d'ailleurs bien moins haut placé et mêlé de moins près à l'histoire de son talent, qu'il gravait en 1690 le portrait du joueur de luth, Mouton, un des « musiciens de la chambre » de Louis XIV. Mouton avait donné, sans vouloir accepter de rémunération, des leçons à la fille aînée du graveur; celui-ci, touché de cet acte de désintéressement, y répondit en se montrant plus désintéressé et plus libéral encore. Le portrait de Mouton, d'après de Troy, est, par les dimensions, un des plus importants dans l'œuvre d'Édelinck, un de

1. *Le Peintre-Graveur français*, t. VII, p. 243. — Cette grande pièce, en deux feuilles destinées à être réunies, avait été faite pour décorer la thèse de philosophie soutenue en Sorbonne par Claude-Nicolas Morel, au mois de juillet 1682. Elle comprend, outre le portrait de *Colbert* d'après une peinture de Mignard, des figures et des accessoires emblématiques d'après les dessins de Le Brun.

BOSSUET

d'après Hyacinthe Rigaud.

ceux qui ont dû lui coûter le plus de temps et de travail; il est en tout cas un des plus généralement connus, le plus populaire de tous peut-être; si bien que la célébrité qu'il garde depuis près de deux siècles, sous le nom du *Joueur de guitare*, prévaut presque sur l'estime où l'on devrait tenir d'autres ouvrages de la même main aussi méritoires pour le moins, et de plus consacrés à la mémoire d'hommes tout autrement dignes, au point de vue historique, de notre admiration ou de nos souvenirs.

Les portraits gravés par Édelinck forment une galerie à peu près complète de tous les personnages qui, par l'éclat de leurs services ou de leurs talents, ont illustré le règne de Louis XIV : depuis *Louis XIV* lui-même, que, — sans compter les reproductions de soixante-dix-neuf médailles frappées à l'effigie du roi, à ses différents âges, — le graveur a représenté treize fois dans des estampes souvent de très grand format, jusqu'à *Colbert, Louvois*, le *Maréchal de Fabert*, le *Premier président de Lamoignon*, et bien d'autres hommes d'état, de guerre ou de robe; depuis des orateurs, des écrivains ou des poètes comme *Bossuet, Fléchier* et *Mascaron, Pascal* et *Arnauld, Racine* et *La Fontaine*, jusqu'à des artistes comme *Lulli* et *Jacques Sarrasin, Israël Silvestre* et *Nanteuil, Mignard* et *Rigaud, Mansart* et *Jean Varin*[1]; mais la seule nomenclature de ces portraits, aussi variés d'ailleurs quant au mode d'exécution que quant à la condition même et aux caractères des modèles, exigerait plusieurs pages : à plus forte raison l'espace nous manquerait pour les examiner un à un et pour en détailler les mérites. Toutefois, s'il ne nous est permis que de les rappeler en bloc, si nous ne pouvons tout au plus que mentionner en passant quelques-uns des plus importants, — les portraits par exemple, de plus en plus ardemment disputés de nos jours dans les ventes où ils paraissent, de *Dilger*[2] et de *John Dryden*[3], ceux du *Prince*

1. Plusieurs de ces portraits, ceux entre autres de Pascal, de Racine et de Nanteuil, ont été faits pour accompagner le texte de l'ouvrage publié par Charles Perrault sous ce titre : *les Hommes illustres qui ont paru en France pendant ce siècle*, Paris, Antoine Dezallier, 1696. 2 vol. in-f°.

2. Nathanaël Dilger, ministre protestant, né à Dantzig en 1604, mort en 1679, doyen des pasteurs de sa ville natale, a laissé plusieurs volumes de *Sermons*. Malgré le peu de célébrité du personnage représenté, le portrait gravé par Édelinck est un des plus recherchés parmi ceux dont se compose l'œuvre du maître. La beauté singulière de l'estampe suffirait sans doute pour justifier cet empressement, mais peut-être, ici comme dans beaucoup d'autres cas, s'explique-t-il surtout par l'extrême rareté des épreuves.

3. Il est probable qu'Édelinck grava le portrait du célèbre poète anglais pour

FLÉCHIER

d'après Hyacinthe Rigaud.

de Galles, du prince-évêque de Paderborn et de Munster, *Ferdinand*, et du comédien italien *Gherardi*, — ou, pour nous en tenir à des portraits de personnages français, ceux du *Chancelier d'Aligre* et du chanoine *Nicolas Parfaict*, d'après des pastels de Nanteuil, — du curé de Saint-Merry, *Blampignon*, d'après Vivien, — de *Pierre de Montarsis*, d'après Coypel, — de *Huet*, évêque d'Avranches, du fondeur *Keller* et du financier *Bertin*, d'après Largillière, — enfin les portraits, peut-être plus dignes encore d'être cités, du *Marquis de Croissy*, de d'*Hozier*, du *Maréchal de Villeroy*, de *Fagon*, de *Brulard de Sillery*, de l'imprimeur *Léonard*, d'après Rigaud, — il en est deux, le portrait du sculpteur *Desjardins* et, dans des dimensions beaucoup plus petites, celui d'un simple prêtre, *Claude de Sainte-Marthe*, auxquels il est nécessaire de consacrer au moins quelques mots, parce que, dans des genres tout différents, ils caractérisent particulièrement l'un et l'autre l'habileté d'Édelinck comme graveur portraitiste, et l'art avec lequel il diversifie ses travaux suivant la nature ou la physionomie de chaque modèle.

Martin Van den Bogaert ou Bogaard, dont le nom, nous avons eu l'occasion de le rappeler déjà, a été traduit en français par celui de *Desjardins*, était du même âge et du même pays qu'Édelinck, son ami depuis l'époque où Philippe de Champaigne les avait attirés tous deux chez lui et, plus tard, son confrère à l'Académie royale de peinture et de sculpture. Né à Bréda en 1640, venu fort jeune à Paris, Martin Desjardins entra, pour faire son apprentissage de sculpteur, dans l'atelier de Jacques Buirette : après quoi il fut chargé de tâches peu importantes, mais dont il s'acquitta de manière à mériter qu'on l'employât à la décoration des maisons royales, avec les sculpteurs français les plus renommés. Le talent dont il fit preuve dans l'exécution de ces travaux justifia amplement la faveur dont il avait été l'objet, et valut à son nom une célébrité qu'accrurent encore, quelques années plus tard, les statues de *Louis XIV* modelées par l'artiste pour l'ornement de la place des Victoires, à Paris, et de la place Bellecour, à Lyon. Desjardins,

complaire au roi Jacques II, réfugié alors en France, et de qui Dryden, devenu catholique, en 1685, était resté le partisan. Les épreuves du premier état de cette planche, c'est-à-dire celles en très petit nombre que les amateurs ou les collections publiques s'enorgueillissent le plus de posséder, sont avant les armoiries sur l'écusson, au bas de la bordure ovale.

NATHANAEL DILGER.

qui portait le titre de « sculpteur du roi » et celui de recteur de l'Académie de peinture, mourut à Paris en 1696, avant d'avoir dépassé sa cinquante-cinquième année.

A en juger sur l'âge apparent du personnage représenté, le portrait de *Desjardins* par Rigaud, portrait d'après lequel Édelinck a fait sa gravure, dut être exécuté à une époque assez rapprochée de celle où l'éminent sculpteur allait cesser de vivre. Si, comme il y a lieu de le supposer, l'exécution de la planche a suivi de près l'exécution du tableau, ce serait vers 1690, c'est-à-dire lorsqu'il était lui-même dans toute la force de l'âge et du talent, que le graveur aurait produit ce bel ouvrage, un des plus accomplis qui soient sortis de sa main, et il n'y aura que justice à ajouter : un de ceux où il s'est montré le plus manifestement supérieur au peintre dont il avait à interpréter le travail.

Que l'on rapproche en effet de la toile conservée au musée du Louvre l'estampe due au burin d'Édelinck, on sentira ce qu'il y a, dans l'exécution de celle-ci, de bonne grâce et de franchise, en comparaison du style un peu emphatique ou de l'élégance un peu compliquée de l'original. Le portrait de *Desjardins* n'est pas, tant s'en faut, un des meilleurs qu'ait peints Rigaud, et l'on peut en convenir avec d'autant moins de scrupule qu'on aura pour d'autres œuvres du maître plus de haute estime, et, quelquefois, d'admiration. Une certaine froideur dans le coloris, une sorte d'affectation dans l'indication des formes extérieures et de rondeur dans le modelé, ne laissent pas de donner à l'aspect de la peinture quelque chose d'engourdi et, en même temps, de tourmenté : l'estampe au contraire ferait croire qu'elle procède d'un original traité d'un bout à l'autre avec toute l'aisance et toute la vivacité de la verve, et, de plus, elle semble en elle-même le résultat d'un travail matériel n'ayant que l'entrain pour raison d'être et pour principe. La lenteur forcée de la pratique, les difficultés qu'entraînent l'emploi d'un instrument rebelle et l'uniformité des procédés dont un graveur est réduit à user, tout disparaît ici pour ne laisser voir que l'empreinte d'une main rapide, légère, absolument maîtresse du moyen qui lui est fourni. On dirait que le portrait de *Desjardins* a été exécuté comme aurait pu l'être un dessin, en quelques heures, tant l'inspiration y paraît couler de source et l'outil s'y jouer sans entraves, tant il semble, si l'on peut ainsi parler, enlevé au courant de l'esprit et du burin. Et pourtant que d'intentions réfléchies,

DRYDEN

d'après Kneller.

que de patients calculs, que d'efforts difficiles sous ces faciles dehors! On ne sait ce qu'il faut admirer le plus dans un pareil ouvrage, de la science consommée qu'il recèle ou de la bonne foi charmante avec laquelle celui qui l'a fait s'applique à la dérober. Si Édelinck a pu ailleurs faire preuve d'une habileté aussi sérieuse au fond que celle dont il dispose ici, nulle part il n'a mieux réussi à revêtir cette habileté intime d'une apparence séduisante et à trouver dans la force même le secret de la grâce, dans la multiplicité des éléments pittoresques celui de la simplicité, dans la variété enfin des tons et des formes la largeur et l'unité de l'aspect.

Le petit portrait de *Claude de Sainte-Marthe* est exécuté dans un tout autre esprit et se recommande par des mérites d'un ordre tout différent. Dans cette image aussi modeste par l'exiguïté des dimensions que par les caractères du modèle, dans cette miniature au burin, pourrait-on dire, il ne s'agissait plus d'intéresser le regard au même titre et par les mêmes moyens que ceux dont le graveur s'était servi pour représenter Desjardins. Au lieu d'avoir à reproduire la physionomie florissante d'un homme en pleine santé, en possession de toutes les faveurs de la fortune, et comme épanoui par la longue habitude du succès, Édelinck devait ici nous rendre l'expression ascétique du visage d'un saint prêtre, d'un vieillard usé par les fatigues physiques et par les austérités de la vie sacerdotale; au lieu des riches étoffes dont le sculpteur était vêtu et des objets d'art ou de luxe qui l'entouraient, rien de plus maintenant qu'une simple soutane et qu'un fond nu. Mais avec quel art délicat dans sa sobriété, avec quelle finesse pénétrante, le graveur n'a-t-il pas su tirer parti de ces maigres ressources et arriver à produire une œuvre éloquente à force de sincérité dans le sentiment et de propriété dans les termes, là où d'autres, moins perspicaces ou moins naïvement émus, ne nous auraient donné qu'une tradition aride, une image muette de la réalité [1] !

On lit, au bas de cette incomparable petite pièce, ces deux mots : *Jouvenet pinxit.* Nous n'avons garde de contester l'authenticité de l'indi-

1. Le distique suivant, inscrit au-dessous du portrait, sur la face du socle qui lui sert de support, achève de nous faire connaître le caractère et les mérites intimes du personnage dont Édelinck a reproduit les traits :

Ingenium, doctrina, fides, pietasque pudorque
Insignem fecit, raraque simplicitas.

FERDINAND, PRINCE-ÉVÊQUE DE PADERBORN ET DE MUNSTER
d'après Michelin.

cation, mais si celle-ci n'avait pas été fournie par le graveur lui-même, qui aurait jamais pensé qu'une pareille estampe pût avoir une pareille

EVARISTE GHERARDI

d'après Vivien.

origine? Les peintures de Jouvenet, en général, n'ont rien des qualités qui distinguent si particulièrement le portrait gravé de *Claude de Sainte-*

MARTIN DESJARDINS

d'après Hyacinthe Rigaud.

Marthe. La manière du peintre de la *Descente de croix* et de la *Résurrection du fils de la veuve de Naïm*[1] est robuste, énergique, quelquefois même jusqu'à l'âpreté : qu'y a-t-il là dont on puisse retrouver le moindre indice dans la gravure d'Édelinck, dans cette œuvre exécutée au contraire avec la plus scrupuleuse réserve, avec un sentiment aussi subtil de l'expression que de la forme, avec tant de sagacité incisive et de discrète précision? Il faut donc que le graveur ait, volontairement ou non, de parti pris ou par instinct, presque transformé le modèle peint par Jouvenet : je veux dire qu'en s'en servant seulement comme d'un point de départ pour son propre travail, il en a, chemin faisant, si bien affiné l'esprit, si délicatement épuré les apparences que le thème original ne saurait être reconnu dans ce travail de seconde main, ou qu'il n'y subsiste plus qu'à l'état de principe vague et, en quelque sorte, de prétexte.

Que de fois au reste, lorsqu'on examine la série des portraits gravés par Édelinck, n'a-t-on pas l'occasion de relever d'autres exemples de ces heureuses infidélités, de constater d'autres témoignages de cette liberté judicieuse avec laquelle, le cas échéant, le graveur anime d'un surcroît de vie un original donné ou il achève d'en définir la signification, soit en insistant sur le genre de beauté que cet original comporte, soit en superposant aux formes qu'il présente l'expression de son intelligence et de son sentiment personnels!

C'est par là qu'Édelinck fait acte de maître; c'est par là qu'il mérite d'occuper parmi les graveurs-portraitistes du XVIIe siècle une place à part, non pas au-dessus peut-être, mais à côté de Nanteuil, et certainement une place fort supérieure à celle que leurs œuvres assignent aux plus renommés de ses contemporains. Ceux-ci en effet, quelque estime qu'on doive d'ailleurs à leurs travaux, ont eu pour qualité principale, sinon pour qualité unique, une extrême dextérité; ils n'ont fait pour la plupart qu'exercer très adroitement, très savamment même, si l'on veut, un métier. Aussi leurs œuvres, matériellement irréprochables, n'intéressent-elles qu'assez médiocrement l'esprit. Les portraits de Masson, par

1. La première de ces deux toiles se trouve, on le sait, au musée du Louvre; la seconde orne la sacristie de l'église de Saint-Louis, à Versailles. Quant aux rares portraits peints par Jouvenet, ceux que nous avons eu l'occasion de voir sont loin de démentir le goût et les habitudes que l'artiste apporte dans l'exécution de ses tableaux de sainteté ou d'histoire. Le portrait de *Fagon*, par exemple, au musée du Louvre, est traité avec la même rudesse de pinceau que *Jésus chassant les vendeurs du Temple* ou que la *Pêche miraculeuse*.

exemple[1], même les plus généralement recherchés, — ceux du *Comte d'Harcourt*, de *Brisacier*, de la *Duchesse de Guise*, — révèlent-ils, chez

CLAUDE DE SAINTE-MARTHE
d'après Jouvenet.

le graveur qui les a signés, beaucoup plus qu'une aptitude singulière

1. Antoine Masson, peintre et graveur, né à Louvry, près d'Orléans, en 1636, vint, dès l'âge de quatorze ans, se fixer à Paris. Après avoir pendant quelque temps

à découper le cuivre et à pousser des tailles, suivant certaines formules? Les portraits de *Louis XIV*, du *Maréchal de Villars* et d'autres grands personnages, gravés d'après Rigaud par Drevet le père, font honneur sans doute au talent qui les a produits; mais ce talent plus agréable que solide, et d'ailleurs, quelle que soit la diversité des modèles, à peu près invariable dans ses procédés d'expression, cette manière uniformément brillante, seraient loin de supporter la comparaison avec le talent si prompt à se transformer et avec la pratique si foncièrement raisonnée d'Édelinck [1].

A plus forte raison chercherait-on, je ne dis pas un rival à opposer au maître, mais un continuateur ou un disciple à rapprocher de lui, dans cette foule de graveurs qui, depuis Thomassin jusqu'à Duflos, depuis Simonneau jusqu'à Trouvain, ont laissé tant de portraits, d'un grand intérêt, il est vrai, au point de vue historique, mais d'une valeur beaucoup moins considérable au point de vue de l'art. Auprès du graveur des portraits de *Philippe de Champaigne* et de *Le Brun*, de *Desjardins* et de *Claude de Sainte-Marthe*, les plus remarquables de ces graveurs seraient des virtuoses à la façon de Drevet, et encore des virtuoses moins habiles que celui-ci; les autres paraîtraient simplement des artisans expérimentés. Édelinck est, au sens le plus exact du mot, un artiste, et, si Nanteuil n'avait pas existé, on pourrait dire le premier des artistes dans la gravure de portrait, comme, Gérard Audran excepté, personne dans la gravure d'histoire ne semblerait de taille à lui disputer le premier rang.

travaillé dans la boutique d'un ouvrier damasquineur, il essaya d'appliquer à la gravure proprement dite l'expérience qu'il avait acquise en se servant du burin pour creuser dans l'acier des ornements. Peut-être convient-il d'attribuer au souvenir involontaire et aux habitudes de sa première profession cette raideur dans le maniement de l'outil, cette sécheresse avec laquelle Masson devenu graveur procéda trop souvent. On peut en outre reprocher à son faire quelque chose de recherché jusqu'à l'affectation, d'original jusqu'à la bizarrerie. — Antoine Masson mourut à Paris, en 1700.

1. Pierre Drevet, né à Lyon en 1664, reçut dans sa ville natale les leçons de Germain Audran, frère aîné de Gérard. Très jeune encore il vint à Paris où il ne tarda pas à acquérir, comme graveur de portraits, une réputation presque égale à celle qu'avaient obtenue avant lui, et d'ailleurs à bien plus juste titre, Nanteuil et Édelinck. Son fils, Pierre-Imbert Drevet, dont les œuvres sont souvent confondues avec les siennes et dont le talent fut plus précoce encore, grava dès l'âge de vingt-six ans la planche si connue qui représente *Bossuet* en pied, d'après le tableau de Rigaud.

CHAPITRE III

Vie domestique de Gérard Édelinck. — Sa famille. — Ses derniers travaux. — Sa mort. — Coup d'œil sur l'ensemble de ses ouvrages et sur les caractères de son talent.

S'il est un artiste dont on puisse dire qu'il n'a voulu se révéler que par son talent, si jamais homme s'est appliqué et a réussi à détourner de sa personne l'attention que ses œuvres provoquaient, c'est assurément celui dont nous venons, dans les pages qui précèdent, d'esquisser l'histoire en ne rappelant que ses titres principaux. La vie d'Édelinck tout entière s'est écoulée dans la retraite. En dehors de l'art, les seuls événements qui l'aient marquée ont été des événements de famille, ses seules joies, celles que peuvent donner la paix du foyer et des relations d'amitié fidèlement entretenues; mais si cette vie sans incidents, sans aventures d'aucune sorte, si cette existence, poursuivie d'un bout à l'autre sans orgueil, mais non certes sans dignité, n'intéresse la curiosité qu'assez peu, elle est du moins de nature à inspirer le respect et, par sa simplicité même, à servir de leçon ou d'exemple.

On a vu qu'Édelinck avait, en 1672, épousé la nièce de Nanteuil. Celui-ci n'avait plus d'enfants lorsqu'il mourut six ans plus tard, et, comme sa veuve ne lui survécut que six mois, ce fut à la femme d'Édelinck qu'échurent les biens qui lui avaient appartenu. Quelque modique que fût l'héritage [1], il ne laissait pas de venir à propos pour alléger les

1. Entraîné par ses habitudes d'homme du monde, et même d'homme de plaisir, Nanteuil dépensait, au fur et à mesure qu'il les gagnait, les sommes, souvent considérables, dont on payait les œuvres dues à son double talent de peintre de portraits au pastel et de graveur. Aussi, lorsque sa succession s'ouvrit, ne se trouva-t-il guère, aux termes de l'inventaire, d'autre bien à recueillir qu'une maison « sise rue de Savoie », que le défunt avait assez récemment « fait bâtir et construire de neuf, à l'encoignure de la dite rue et de celle des Charités-Saint-Denis » (aujourd'hui des Augustins). Un acte notarié, passé en 1695, établit qu'à cette époque Édelinck possédait encore la maison qui avait appartenu à Nanteuil et que, de plus, il était propriétaire dans la même rue d'une autre maison « à quatre étages et à porte cochère. « Ces deux maisons, dit M. Jal (*Dictionnaire critique de biographie et d'histoire*, p. 525), « constituaient une petite fortune à Gérard Édelinck, qui avait aussi des rentes sur les gabelles ».

charges d'une famille nombreuse et qui allait s'augmenter encore dans le cours des années suivantes. Édelinck, à cette époque, c'est-à-dire au bout de six ans de mariage, était déjà père de six enfants, dont deux jumeaux, il est vrai. Deux autres enfants naquirent en 1680 et en 1681 : une fille, qui mourut en bas âge, et un fils, Nicolas Édelinck, le seul qui dût essayer un jour de soutenir, comme artiste, l'honneur du nom paternel [1]. Encore ne poussa-t-il pas loin la tentative. Mariette, qui l'avait connu, dit qu' « une indolence impardonnable l'empêcha d'exercer un art pour lequel il avait d'heureuses dispositions », et il ajoute : « Pendant son séjour à Venise, qui fut assez long, il ne grava que deux planches. Il alla ensuite à Rome, où il travailla encore moins, et enfin revint à Paris, où il ne fit plus rien du tout [2]. » Dans le petit nombre de pièces laissées par Nicolas Édelinck, après une vie qui pourtant ne dura pas moins de quatre-vingt-sept ans, on ne trouverait guère à citer avec quelque éloge qu'une *Vierge*, gravée à Venise en 1708, d'après un tableau attribué à Corrège.

Le nom d'Édelinck devait être porté plus dignement et l'art de la gravure plus assidûment pratiqué par les deux frères du maître : Jean, qui l'avait, comme on l'a vu, précédé à Paris, et Gaspard-François, qui ne tarda pas à venir l'y rejoindre, pour achever sous sa direction l'apprentissage commencé, quelques années auparavant, à Anvers.

Jean Édelinck avait même cet avantage sur Gérard, dont le burin ne fit jamais que reproduire les tableaux ou les dessins d'autrui, qu'il était

1. Des trois autres fils d'Édelinck, l'aîné, Charles Édelinck, entra dans l'administration de la marine à Rochefort, en qualité d'écrivain, passa peu après en Amérique, et mourut en 1712, à bord du vaisseau le *Fidèle*. Le second, Laurent, né en 1677, avait cessé de vivre avant 1702. Le troisième, nommé Gérard, comme son père, avait, dans son enfance, quelque peu dessiné sous les yeux de celui-ci. A l'exemple de son aîné, il entra dans l'administration de la marine; il obtint successivement le brevet d' « écrivain extraordinaire », celui d' « écrivain entretenu », enfin, en 1721, l'emploi de « maître à dessiner des gardes de la marine ». Il mourut, sept ans plus tard, à l'âge de cinquante ans. Quant aux quatre filles d'Édelinck, l'aînée, Marie-Madeleine, devint la femme de Grégoire Dupuis, marchand libraire, à Paris. La seconde, Madeleine-Geneviève, ne nous est connue que par la mention que M. Jal fait d'elle dans son *Dictionnaire critique* (p. 525). La troisième, Anne, sœur jumelle de Laurent, épousa, à l'âge de vingt-sept ans, Jean Chaufourier, « maître graveur en taille-douce », plus jeune qu'elle de quelques années, et celui-là même dont parle Mariette, à propos d'une anecdote sur Édelinck, qu'il tenait de lui et que nous avons rapportée (p. 16). La quatrième fille d'Édelinck mourut, nous l'avons dit, tout enfant.

2. *Abecedario*, t. II, p. 221.

ROBERT NANTEUIL

d'après un dessin de sa main.

capable de composer les scènes destinées à lui servir de modèles pour ses gravures. Quelques vignettes de son invention, faites pour l'ornement de livres de piété ou d'histoire, quelques frontispices ingénieusement agencés, ne laissent pas de montrer chez lui une aptitude réelle à des travaux de cette espèce. En outre, plusieurs planches diversement importantes et gravées d'après les œuvres de différents artistes, — la *Sainte Vierge*, entre autres, *montrant la tunique de son divin fils*, d'après Jean-Baptiste de Champaigne, le portrait du géographe *Nicolas Sanson*, et surtout une grande planche vraiment belle, *Apollon servi par les Nymphes*, d'après le groupe de Girardon dans les jardins de Versailles, — prouvent que Jean Édelinck, qui d'ailleurs, mourut jeune encore en 1680, était, beaucoup mieux que son neveu Nicolas, en mesure de continuer la tradition fondée par l'éminent chef de la famille.

Quant à Gaspard-Francois, élève de son frère Gérard, il eut quelquefois l'honneur d'être confondu avec lui, confusion qui ne s'explique pas seulement par la signature *G. Édelinck*, apposée au bas de ses œuvres, mais que semble aussi justifier jusqu'à un certain point le talent avec lequel plusieurs de ces ouvrages sont exécutés. Le très bon portrait en pied du comédien *Poisson*, par exemple, et le portrait du chanoine *Feuillet*, ordinairement classés l'un et l'autre parmi les estampes du maître, sont dus en réalité au burin de son disciple [1] : respectueux disciple, d'ailleurs, et si modeste, que lorsqu'il fut question pour lui d'une place à l'Académie royale de peinture, il refusa de la solliciter, de peur d'un succès qui, en l'élevant au même rang que son frère, aurait été, à ses propres yeux, une sorte de déchéance pour celui-ci.

Ainsi entouré de ses enfants et de ses frères, attentif à tout ce qui pouvait rendre plus profitable encore sa bienfaisante autorité sur eux, aussi régulier dans ses habitudes pratiques qu'inébranlablement attaché aux principes mêmes de la morale et de la foi, Édelinck personnifiait à souhait les mœurs et les vertus robustes de la classe moyenne au XVIIe siècle. Il nous apparaît comme le type de cette forte et honnête race, de cette sage bourgeoisie qui, sans prétendre encore au rôle et à l'influence politique qu'on revendiquerait pour elle à la fin du siècle suivant, se contentait de donner au peuple l'exemple du travail, de la

1. C'est au moins ce qui résulte du témoignage formel d'un contemporain, l'auteur du *Mémoire à Messieurs de l'Académie*, que nous avons eu plusieurs fois déjà l'occasion de citer. (Voyez *Mémoires inédits*, etc., t. II, p. 53.)

probité, de la soumission aux lois, et, dans ses rapports avec les grands, de garder, suivant les cas, une attitude ferme sans raideur, respectueuse sans humilité. Il pouvait bien lui arriver parfois de se montrer à l'égard des représentants du pouvoir quelque peu défiante, frondeuse même; mais, de même que la parfaite sincérité de ses convictions religieuses ne l'empêchait pas de railler volontiers les prélats de cour ou de chansonner les moines, son amour inné pour le roi ne s'en conciliait pas moins avec la critique à huis-clos des actes ou des talents de ses ministres.

Peut-être, — et certains indices donneraient quelque fondement à la supposition, — Édelinck et les siens ne laissaient-ils pas de se conformer, sur ce dernier point, à l'usage; peut-être certaine « société de délassement », que le graveur avait composée de ses amis les plus familiers et qu'il réunissait chaque semaine à sa table [1], ne se « délassait » -elle pas seulement par l'échange de propos sur l'art ou sur les travaux des artistes, et ne se faisait-elle pas faute, au dessert, d'assaisonner la conversation de quelque « pont-neuf » en vogue sur Louvois ou sur Pontchartrain.

Quoi qu'il en soit, tout dans la maison d'Édelinck se ressentait d'une discipline fixe et respirait une simplicité patriarcale; tout y était paisible, ordonné, méthodique. Au retour de la messe, à laquelle il assistait chaque matin avec sa femme et ses enfants, le maître se mettait au travail pour ne l'interrompre qu'aux heures des repas, et, le soir venu, on lisait en famille quelque livre édifiant ou quelque récit de voyage, qui sait même? peut-être un de ces *Contes* de Perrault auxquels La Fontaine, de son côté, prenait si franchement « un plaisir extrême », et dont l'ingénieux auteur était un des meilleurs amis d'Édelinck. Sauf les jours d'assemblée de l'Académie, — où il avait été reçu comme agréé le 6 mars 1677 et, par une infraction aux règlements que son talent justifiait de reste, élu dans la même séance conseiller en remplacement de Chauveau, — Édelinck ne sortait guère de chez lui que pour aller soumettre les épreuves de ses planches aux peintres d'après lesquels il les avait gravées, ou pour en surveiller le tirage dans les ateliers de deux imprimeurs, Antoine et Thévenard, dont il tenait l'habileté en estime particulière, et

1. Une de ces réunions fut troublée par un étrange accident. Les convives venaient de s'asseoir, lorsque la foudre pénétra dans la pièce où ils se trouvaient. Elle blessa l'un d'entre eux, renversa tous les autres de leurs sièges, après quoi elle disparut par un trou subitement pratiqué au milieu de la table, à la place même qu'occupait la soupière.

à qui, disait-il modestement, une bonne part devait revenir de ses propres succès. Hors de là, tout son temps était consacré à la pratique de l'art : c'est cette infatigable application au travail qui, mieux encore que sa rare facilité, explique le nombre des ouvrages qu'il a produits, comme son caractère, aussi étranger aux inquiétudes de l'envie qu'aux visées ambitieuses, explique l'unité même, le calme continu de son existence et la persistance des amitiés dont elle a été entourée jusqu'à la fin.

Je me trompe : cet homme, d'ordinaire si bien à l'abri des tourments de l'ambition, en connut un jour les agitations et les déboires. Ce fut lorsque la passion l'ayant pris d'être nommé marguillier de sa paroisse, il eut à lutter contre le mauvais vouloir et à déjouer les intrigues des gens de qui la nomination dépendait. Tâche difficile, le titre qu'il convoitait étant, lui objectait-on, réservé d'ordinaire aux marchands ou aux procureurs, et l'amour-propre des marguilliers en exercice pouvant avoir à souffrir de l'adjonction d'un collègue moins hautement qualifié; mais Édelinck était piqué au jeu. Non seulement il refusa personnellement de se rendre aux arguments qu'on lui opposait, mais il ne craignit pas d'en appeler au roi lui-même du refus qu'il venait d'essuyer, et, le roi ayant consenti à s'interposer, il fallut bien que les résistances cessassent. Le graveur fut promu à la dignité dont il avait si fort à cœur de se voir revêtu, et ce succès ne tarda pas à être suivi pour lui d'un autre à peu près du même genre, mais obtenu cette fois sans sollicitation de sa part. Ses compatriotes résidant à Paris l'élurent spontanément administrateur perpétuel de la chapelle que les Flamands possédaient à l'abbaye de Saint-Germain-des-Prés et, ajoute l'écrivain qui rapporte ce fait, « il en soutint la charge avec l'honneur et la générosité qu'il faisait éclater en tout[1] ». Enfin, vers la même époque, et, cette fois encore sans qu'aucune démarche eût été tentée par lui, Édelinck reçut du pape le titre de « chevalier romain ». Depuis lors, c'est-à-dire à partir de l'année 1695 à peu près, Édelinck ne signa plus ses ouvrages qu'en joignant à son nom cette qualification de « chevalier », ou le mot latin *eques,* qu'il écrivit quelquefois *æques,* ou les deux mots *eques romanus.*

Les pièces qu'Édelinck a signées ainsi et dont le nombre ne s'élève pas à moins de quarante-cinq (quatre sujets de sainteté ou d'histoire et quarante et un portraits) prouvent que, dans les douze dernières années de sa vie, il se montra aussi laborieux et aussi fécond qu'il l'avait été

1. *Mémoires inédits,* etc., t. II, p. 57.

MADELEINE DE LAMOIGNON

d'après de Sève.

dans le cours des années précédentes. Plusieurs des planches gravées par lui à cette époque, — le portrait de *Blampignon*, entre autres, qui porte la date de 1702, et celui de *Rigaud*, qui parut presque en même temps [1], — méritent d'être comptées parmi les plus belles qu'il ait produites. En outre, telles d'entre elles ont, par la nature des sujets aussi bien que par les dimensions, une importance toute particulière : la grande planche si connue, d'après Philippe de Champaigne, le *Moïse*, à mi-corps, *tenant les tables de la loi*, est une de celles-là.

Lorsque Édelinck entreprit, en 1699, de graver cette figure, il ne faisait d'ailleurs que continuer, à plus de vingt ans d'intervalle, un travail commencé par un autre. Nanteuil, qui d'abord en avait été chargé, l'avait laissé inachevé, ou plutôt, au moment de la mort du maître, ce travail n'était encore qu'à l'état de simple préparation. Ainsi qu'en fait foi une précieuse épreuve d'essai conservée à la Bibliothèque nationale, la part du graveur primitif dans l'exécution de l'ouvrage se réduit aux indications des contours de la tête, des mains, de la baguette, et, — sans compter le fond et les tables de la Loi, probablement de la main d'un des aides ordinairement employés par Nanteuil, — aux tailles qui modèlent les draperies, sauf dans l'espace compris entre l'épaule droite et le col de Moïse. L'honneur d'avoir mené la tâche à bonne fin, on dirait presque de l'avoir accomplie tout entière, revient donc, en réalité, à Édelinck. Si, en raison même du caractère tout moderne et du style un peu effacé de la peinture originale, l'œuvre du graveur a les apparences d'une simple *Étude de vieillard* plutôt que la signification inhérente à l'image puissamment inspirée d'un prophète, cette œuvre, à ne la considérer qu'au point de vue technique, n'en garde pas moins une valeur assez haute pour justifier, malgré l'insuffisance du modèle, la célébrité qu'on lui a faite depuis tantôt deux siècles dans le monde des artistes et des amateurs.

1. Outre le don même qu'Édelinck fit à Rigaud de la planche où il l'avait représenté, l'inscription placée au bas du portrait témoigne de l'étroite amitié qui unissait le graveur et le peintre. Cette inscription, en effet, se termine par ces mots : *Edelinck Eques Romanus et Regius sculptor in æs incidit amicum simul et amicitiam consecraturus*. De son côté, Rigaud a consacré le souvenir de cette liaison dans un portrait, peint par lui, qui orne aujourd'hui une des salles du département des estampes, à la Bibliothèque nationale. On lit sur cette toile, au-dessus de la tête du graveur, les mots : *G. Edelinck calcographus*, et, au-dessous du buste : *Amici effigiem pingebat H. Rigaud.*

MOÏSE

d'après Philippe de Champaigne.

C'est ce qu'on peut dire aussi d'une planche à peu près aussi grande que le *Moïse*, qu'Édelinck grava cinq ans plus tard d'après Le Brun, et qui, communément désignée sous ce titre : le *Benedicite*, représente la Vierge Marie à table, à côté de son divin fils, tandis que saint Joseph les contemple l'un et l'autre, debout, appuyé contre un socle sur lequel sont inscrits les noms du peintre et du graveur, plus quelques lignes constatant que « le tableau original de cette estampe appartient à Messieurs les compagnons charpentiers de la confrérie de Saint-Joseph, érigée en l'église de Saint-Paul, à Paris ». Heureux temps, soit dit en passant, que celui où les ouvriers français s'associaient ainsi pour rendre hommage à la religion et à l'art; où, comme autrefois les corporations italiennes, ils tenaient à honneur de proclamer leur foi par l'offre, à une église, de quelque généreux *ex-voto* peint ou sculpté !

Sans doute, l'expression du sentiment religieux, au moins dans ce qu'elle peut avoir de plus pénétrant ou de mieux réglé par le goût, est loin de prédominer dans la composition qu'Édelinck avait à traduire. Celle-ci, comme en général les compositions de Le Brun sur des sujets sacrés, ne se recommande guère que par une certaine majesté dans l'ordonnance; le graveur, par conséquent, ne saurait être rendu responsable des imperfections ou des lacunes qu'elle présente pour tout ce qui tient au caractère moral de la scène et des personnages qui y figurent, pour tout ce qui devrait y intéresser directement le cœur et que, à défaut d'un Jean de Fiesole ou d'un Andrea del Sarto, un Lesueur aurait su formuler. Il appartenait seulement à Édelinck — et c'est ce qu'il a fait avec un art singulier — d'atténuer autant que possible les fautes commises ou les licences prises par le peintre, et de vivifier ce style un peu éteint, d'en raffermir les formes un peu molles, à force de largeur et de résolution dans son propre travail. A la différence près des moyens matériels employés et avec une science technique plus profonde, le *Benedicite* a quelque chose de la mâle franchise qui caractérise les planches de Jean Pesne d'après Poussin; il ne lui manque, pour comporter une force d'expression égale, que d'avoir eu pour modèle une œuvre plus éloquente en soi et plus sincèrement inspirée.

Le Brun était mort depuis quatorze ans déjà, lorsque Édelinck faisait paraître la dernière planche qu'il ait gravée d'après lui. Édelinck se montrait ainsi fidèle à la mémoire d'un homme qui, de son vivant, l'avait si utilement aidé; mais fallait-il qu'il poussât l'attachement au

MIGNARD

d'après une peinture du maître.

passé jusqu'à l'hostilité contre le présent, jusqu'au refus d'entrer en relation avec l'ancien rival, devenu le remplaçant officiel, du premier peintre du roi? En d'autres termes, fallait-il que le souvenir de la jalousie autrefois excitée chez Mignard par les succès de Le Brun condamnât le vieil ami de celui-ci à ne tenir aucun compte des témoignages de considération, à repousser toutes les avances qui s'adresseraient à sa personne? Mignard avait fait de son mieux pour qu'il en fût tout autrement. Après avoir peint à son tour un grand tableau représentant la *Famille de Darius aux pieds d'Alexandre*, comme pour porter, il est vrai, un défi posthume à son prédécesseur et pour établir d'autant mieux ses propres droits à la succession qui lui avait été dévolue, il s'était mis en tête d'obtenir du graveur qui avait popularisé l'œuvre de Le Brun, qu'il consentît à reproduire également la sienne. Aussi, en vue d'un résultat si intéressant pour son amour-propre, ne marchanda-t-il à Édelinck ni les paroles flatteuses, ni les caresses de toutes sortes. Bref, il finit par avoir gain de cause auprès de lui; et peut-être Mignard aurait-il dû à un nouveau chef-d'œuvre d'interprétation le succès personnel qu'il rêvait, si la mort, en venant interrompre le travail du graveur, n'avait anéanti du même coup les projets et les espérances du peintre[1].

Les diverses planches dont nous avons parlé dans ce chapitre furent, comme les nombreux portraits de la même main appartenant à la même époque, gravées par Édelinck aux Gobelins, où le roi lui avait accordé un logement avec une pension de cinquante écus, et où il dirigeait, à titre de « professeur perpétuel », la petite « académie établie pour l'instruction des artistes-tapissiers ». En outre, il avait auprès de lui des élèves venus du dehors pour faire sous ses yeux leur apprentissage de graveurs, et dont les parents lui payaient une rétribution proportionnée à la durée de cet apprentissage ou aux dépenses qu'il pouvait entraîner de la part du maître, suivant que l'élève était ou non logé et nourri par lui. Un acte que M. Jal a retrouvé et publié (*Dictionnaire critique*, etc., p. 526) nous donne sur ces mœurs domestiques des détails qui rappellent ce qui, dans des cas semblables, se passait

1. La grande planche en deux feuilles qu'Édelinck avait commencé de graver d'après Mignard, et qu'il laissa presque à l'état d'ébauche, fut reprise après sa mort et terminée, assez médiocrement d'ailleurs, par Pierre Drevet, chez qui elle se vendait, « rue Saint-Jacques, près Saint-Yves, à l'Annonciation ».

entre les vieux maîtres italiens et leurs *garzoni*. Aux termes de cet acte, véritable contrat passé devant un notaire de Paris, un garçon de quinze ans, « René Devaux, fils de François Devaux, maître cordonnier, rue aux Fèves, décédé, et de Marguerite Collier, sa femme », était reçu comme apprenti par « G. Édelinck, chevalier romain, demeurant aux Gobelins », lequel devait lui enseigner le dessin « et son art de graver sur cuivre ». La durée de l'apprentissage demeurait fixée à cinq années, pendant lesquelles Édelinck s'engageait à « loger et à nourrir » le jeune Devaux et à « lui fournir papier, crayons et cuivre ». De son côté, la mère de celui-ci s'engageait à payer « au chevalier Édelinck la somme de 700 livres, dont 75 livres d'avance ». — L'élève, malheureusement, n'était pas destiné à faire honneur au maître. René Devaux ne devint qu'un très médiocre graveur, comme le prouve le triste portrait d'*Édelinck* lui-même, gravé d'après cette peinture de Tortebat, que Nicolas Édelinck devait reproduire à son tour dans une planche presque aussi faible.

Il ne semble pas, au surplus, que les leçons directement données par Édelinck, si instructives en réalité qu'elles dussent être, aient souvent rencontré, chez ceux qui les recevaient, des germes de talent naturels, des dispositions vraiment heureuses à développer. Sauf les deux frères du maître et, à la rigueur, Trouvain[1], qui tous trois se ressentent parfois dans leurs ouvrages de la bienfaisante influence qu'ils avaient subie, on ne trouverait guère à citer quelque graveur d'un sérieux mérite parmi ceux dont l'apprentissage s'était fait sous la direction immédiate d'Édelinck. En revanche, les plus habiles graveurs français de la fin du XVIIe siècle, quelque maître qu'ils aient eu dans leur jeunesse, ont tous étudié de près ses ouvrages et mis à profit ses exemples. Gérard Audran lui-même, malgré sa grande importance personnelle et l'indépendance magistrale de son talent, Audran ne faisait pas difficulté de s'incliner devant l'autorité d'Édelinck et, à l'occasion, de prendre les avis d'un homme qui, de son côté, le traitait avec raison comme un égal. On

1. Antoine Trouvain, né à Montdidier en 1656, mort à Paris en 1708, un an seulement après sa réception à l'Académie royale de peinture, a laissé plusieurs planches d'histoire estimables, entre autres, la *Majorité de Louis XIII*, d'après le tableau de Rubens, qui fait partie de la suite dite *Galerie de Médicis*. Trouvain a gravé aussi un assez grand nombre de *portraits*, parmi lesquels on peut citer ceux des peintres *Jouvenet* et *Houasse*, de l'architecte *Robert de Cotte* et du graveur *Pierre Simon*.

raconte que, mécontent du travail à l'eau-forte pure qui devait lui servir de préparation pour une de ses planches, le *Triomphe d'Alexandre*, Audran soumit à Édelinck les résultats de ce premier travail, et qu'il ne se décida à poursuivre la tâche commencée que sur les instances et les encouragements formels de celui qui entrevoyait déjà la promesse d'un chef-d'œuvre là où lui-même ne démêlait encore que les signes précurseurs d'une œuvre manquée et la menace d'un échec.

Ces hommages unanimement rendus à Édelinck par ses confrères, ces témoignages d'admiration pour son talent et de haute estime pour sa personne qu'il recevait chaque jour des membres les plus éminents de l'Académie, aussi bien que des artistes encore au début de la carrière, les personnages de la cour ou les étrangers de marque présents à Paris ne les lui marchandaient pas davantage. Bien souvent, la porte du modeste logement que le graveur occupait aux Gobelins s'ouvrait à des visiteurs de haut rang, jaloux d'approcher le maître dans le milieu même où il produisait ses ouvrages, et, comme disait l'un d'eux, de « le surprendre, les armes à la main ». Un jour, c'était le ministre Villacerf qui venait s'enquérir auprès de lui de l'état d'avancement où se trouvaient les planches destinées au recueil des *Médailles sur les principaux événements du règne de Louis XIV;* un autre jour, c'étaient des ambassadeurs qui ne voulaient pas, disaient-ils, quitter la France sans en emporter le souvenir d'un des hommes qu'ils avaient été le plus curieux de connaître; un autre jour enfin, le duc d'Orléans lui-même, le futur régent de France, passait plusieurs heures dans l'atelier d'Édelinck, à examiner les travaux que l'artiste avait en train et à s'entretenir avec lui : après quoi, suivant les termes mêmes du récit qui nous a été conservé de cette visite, « ce grand prince parut très satisfait de l'avoir entendu ». Et pourtant, ajoute loyalement ou, si l'on veut, un peu ingénûment le narrateur, « si les discours lui plurent, ce ne fut pas par la beauté du langage. M. Édelinck ne sut jamais bien parler français; mais, né vif et spirituel, il s'était fait un jargon de flamand francisé qui, dans sa bouche, avait des grâces infinies [1] ».

Les derniers jours d'Édelinck furent aussi calmes que l'avait été sa vie. La maladie à laquelle il succomba mina peu à peu ses forces, sans agitation, presque sans souffrance, et quand la mort, qu'il avait vue venir en chrétien, le frappa, le 2 avril 1707, il sut, comme aurait dit

1. *Mémoires inédits*, etc., t. II, p. 55.

LE DUC DE BOURGOGNE

d'après de Troy.

Bossuet, être « doux devant elle », parce que sa foi lui avait appris de longue main à n'en redouter ni les approches, ni les suites. Le lendemain, il était inhumé dans l'église de Saint-Hippolyte, paroisse des Gobelins, en présence de son fils, ainsi que le constate l'acte mortuaire, de son frère Gaspard-François[1], et de ses deux gendres, Grégoire Dupuis et Jean Chaufourier. Enfin, lorsque, quelques jours plus tard, son mobilier fut mis en vente, les burins dont il s'était servi produisirent, dit-on, à eux seuls, une somme aussi forte que tous les autres objets réunis. Par une sorte de confiance superstitieuse dans la vertu des instruments que le maître avait maniés, nombre de graveurs français ou étrangers s'en disputèrent à prix d'or la possession, comme s'ils espéraient, en les acquérant, s'approprier aussi l'art même et la science du maître. Mieux eût valu, sans doute, pour essayer de les continuer l'une et l'autre, en chercher ailleurs les secrets et demander aux œuvres sorties de ces prétendus outils magiques les enseignements qu'elles étaient si bien capables de fournir. En tout cas, ce sont elles qu'il convient aujourd'hui d'interroger, si ce n'est pour en tirer des leçons pratiques à l'usage seulement des graveurs de profession, au moins pour honorer à bon escient le talent qui nous les a léguées et pour en mesurer, s'il se peut, l'étendue.

Quand on parcourt l'ensemble des ouvrages laissés par Édelinck, la première impression est celle de l'étonnement en face des témoignages d'une pareille fécondité et, nous ne saurions trop le redire, d'une souplesse aussi rare dans les formes du talent. Contrairement à la coutume des autres maitres graveurs, à quelque temps ou à quelque école qu'ils appartiennent, Édelinck n'a pas, à proprement parler, une manière, — j'entends une méthode d'exécution fixe, procédant d'un goût et d'un sentiment immuables, d'une doctrine une fois adoptée. Il a le don de se renouveler en proportion de la diversité des tâches qu'il accepte, l'art de subordonner au sens exprès de ses modèles non seulement les opérations de son intelligence, mais jusqu'aux procédés dont il use. Sans doute, la nature de ces procédés est forcément invariable. Édelinck, comme tout graveur au burin, ne dispose d'autres moyens d'expression pour sa pensée, d'autres ressources pour rendre les tons ou les formes, que de tailles à creuser plus ou moins profondément dans le cuivre ou

1. Son autre frère, Jean Édelinck, n'existait plus depuis vingt-sept ans. Quant à la femme d'Édelinck, Madeleine Regnesson, elle était morte en 1686.

à entrecroiser de plus ou moins près; mais il sait si bien féconder ces arides éléments de travail, les amener à produire des résultats si imprévus et, suivant les cas, des effets si brillants ou si simples; il sait, en un mot, selon les caractères du modèle, varier avec un tel à-propos ses intentions et ses calculs, qu'on oublie presque, en voyant ses ouvrages, l'uniformité des moyens matériels auxquels on les doit. C'est le même artiste, mais, en apparence, est-ce le même art qui a pu nous donner la *Sainte Famille de François Ier* et le portrait de *Philippe de Champaigne*, le portrait de *Sainte-Marthe* et celui de *Desjardins*, et ne croirait-on pas, en face d'œuvres si manifestement dissemblables, qu'elles ont été exécutées à l'aide d'outils et de procédés différents? Il n'y a de différence pourtant que dans la manière dont ces procédés sont employés, ou plutôt tout provient ici de l'extraordinaire flexibilité intellectuelle et de la clairvoyante impartialité du graveur.

Édelinck a donc avant tout ce grand mérite, — mérite qu'aucun des graveurs antérieurs n'avait eu, au moins au même degré, — de s'identifier, par ses combinaisons pratiques aussi bien que par le fond de son sentiment, avec l'esprit et le style des originaux qu'il reproduit. Et que l'on ne prétende pas expliquer une pareille facilité de transformation par un désintéressement naturel résultant, chez le traducteur, de la stérilité de ses facultés inventives, de son impuissance à composer quoi que ce soit pour son propre compte : combien d'autres qui, sans être Mantegna ou Albert Dürer, c'est-à-dire sans avoir le droit de donner aux travaux de leur burin le caractère uniforme des modèles peints ou dessinés par eux, — combien de graveurs appelés à rendre les pensées d'autrui, qui n'ont fait en réalité que les marquer à leur propre effigie et que leur attribuer ainsi, malgré tout ce qu'elles pouvaient avoir de particulier et de personnel, une physionomie invariable, une sorte de livrée commune! Les plus habiles eux-mêmes ne laissent pas de prêter aux reproches sur ce point. Les graveurs flamands formés par Rubens, traducteurs excellents des œuvres de leur maître, ont le tort de se souvenir obstinément de celles-ci en face des modèles qui en diffèrent le plus, si bien que sous leur burin, plus docile que de raison à la méthode une fois prescrite, un tableau peint à Florence ou à Rome prend les apparences d'un tableau qui aurait été peint à Anvers. De même, les plus belles estampes de l'école hollandaise dénoncent la nationalité de ceux qui les ont faites beaucoup plus clairement qu'elles ne nous révèlent les origines des modèles reproduits. Que Corneille Visscher par exemple grave d'après Corrège ou d'après quelque petit maître des Pays-Bas, c'est du même point de vue qu'il envisage les deux tâches, c'est de la même manière qu'il les accomplit. Plusieurs des planches qu'il a signées — le *Vendeur de mort aux rats* entre autres ou le portrait de *Boutma* — sont assurément des chefs-d'œuvre, et l'on doit les admirer comme tels; mais à la condition de s'en tenir aux beautés de la gravure même, de ne voir dans le travail du graveur que ce qui le constitue absolument et de n'y chercher rien de plus que les témoignages d'une perfection matérielle en dehors de toute aspiration vers l'idéal.

Enfin, si pour assigner à Édelinck sa juste place dans l'histoire de l'art, on choisit comme termes de comparaison les œuvres de la gravure allemande ou de la gravure italienne aux meilleures époques, comment ne pas être frappé, en même temps que des qualités qui les caractérisent, de l'uniformité des intentions qu'elles expriment et du goût inflexible avec lequel elles sont traitées? Les planches gravées en Allemagne par les contemporains ou les successeurs d'Albert Dürer et de Lucas Cranach brillent, comme celles qu'ont laissées ces deux maîtres, par l'extrême précision du dessin et du faire, par une rigueur dans l'analyse des formes que ne déconcertent pas même les réalités les moins séduisantes; mais, sauf la différence des sujets, ces planches se ressemblent au point de permettre la confusion entre les talents qui les ont produites. Qu'elles aient été gravées par Aldegrever ou par Hans Burgmair, par Albert Altdorfer ou par Hans Baldung Grün, qui en a vu une les a vues toutes, pour ainsi dire; et quant aux estampes italiennes les plus justement renommées, y compris même celles de Marc-Antoine, c'est, à l'exclusion de tout le reste, par la majesté du dessin et du style qu'elles commandent l'admiration. Quoi de plus naturel d'ailleurs? Marc-Antoine, on le sait, travaillait non d'après des tableaux, mais d'après des originaux tracés au crayon ou à la plume, d'après de simples croquis quelquefois, et dès lors il ne pouvait viser à faire pressentir l'opulence ou les délicatesses du coloris, de l'effet, de tout ce qui relève expressément des conditions et des procédés de la peinture. Ses ouvrages, si exceptionnellement beaux au point de vue de la forme pure, offrent à peu près l'équivalent de ce que seraient des reproductions au burin de bas-reliefs ou de statues; ce sont en réalité des dessins sur cuivre plutôt que des estampes, c'est-à-dire des imitations achevées de modèles exécutés eux-mêmes avec toutes les ressources dont le pinceau dispose.

Édelinck au contraire n'omet rien, ne répudie rien de ces ressources qui, matériellement, ne sont pas les siennes, mais qu'il réussit à s'assimiler à force de sagacité dans l'interprétation des exemples fournis et d'habileté dans l'emploi des moyens propres à les traduire. Il rivalise avec la peinture, tout en n'en rendant forcément que par analogie les tons et les nuances, tout en n'usant que du blanc et du noir pour simuler les variétés infinies du coloris : et cependant, nous avons eu l'occasion de le dire déjà, Édelinck n'entend nullement donner le change sur l'étendue du rôle qui lui est assigné et sur la fonction qu'il exerce. Il ne vise pas plus à tromper le regard par ses ruses qu'il ne se compromet ou ne se désavoue lui-même par d'ambitieux essais d'émancipation ; il ne veut en un mot être et se montrer que graveur, et même un graveur si exactement fidèle à sa tâche, si scrupuleux dans la pratique du métier, qu'il s'interdit jusqu'à ces mélanges de procédés, d'ailleurs fort légitimes, auxquels Gérard Audran et d'autres maîtres ont habituellement recours. Même pour la préparation de ses planches, Édelinck ne se sert jamais de la pointe et de l'eau-forte : c'est avec le burin seul qu'il attaque le cuivre tout d'abord, c'est avec le burin qu'il poursuit son travail et qu'il l'achève.

Est-il besoin au surplus d'insister sur ces particularités toutes techniques ? Le mérite principal et la véritable originalité du maître ne sont pas là. L'une et l'autre consistent dans la réunion chez lui des qualités que les meilleurs graveurs des divers pays et des diverses époques n'ont possédées chacun qu'isolément, dans ce triple talent dont il a fait preuve en toute occasion et en face des modèles les plus variés, de fin dessinateur, de coloriste puissant et de praticien aussi sobre qu'habile. Les œuvres d'Édelinck satisfont excellemment à toutes les conditions de la gravure : il n'y aura donc que stricte justice à considérer celui qui les a faites, sinon comme le premier, au moins comme le plus harmonieusement organisé et le plus complet des graveurs.

BIBLIOGRAPHIE ET CATALOGUE

Sauf le mémoire attribué à Guillet de Saint-Georges que nous avons plusieurs fois cité dans le travail ci-dessus et qui remplit une quinzaine de pages dans le deuxième volume des *Mémoires* publiés en 1854 par MM. Dussieux, Soulié, de Chennevières, Mantz et de Montaiglon, *sur la vie et les ouvrages des membres de l'Académie royale de peinture et de sculpture,* aucune notice de quelque étendue n'a été, que nous sachions, consacrée jusqu'ici à Gérard Édelinck. C'est donc aux articles insérés dans les recueils biographiques ou aux livres traitant de l'histoire générale de la gravure ou enfin aux catalogues des pièces gravées par le maître qu'on est forcé de recourir pour obtenir quelques indications relatives à sa vie ou à ses travaux successifs. Parmi ces ouvrages diversement instructifs, nous nous contenterons de mentionner les suivants :

Abecedario de Mariette, t. II, p. 211 et suivantes.

Biographie universelle. Paris, Michaud, 1811-1828.

A Biographical and Critical Dictionary of painters and engravers by Michael Bryan. Londres, 1853.

Nouvelle Biographie générale publiée par MM. Didot frères, sous la direction de M. le Dr Hœfer. Paris, 1855 et années suivantes.

Dictionnaire critique de biographie et d'histoire, par A. Jal. Paris, 1867.

Le Peintre-Graveur français, par Robert-Dumesnil, t. VII et XI.

Manuel de l'amateur d'estampes, par Ch. Leblanc, t. II. Paris, 1856.

Histoire de la gravure en France, par G. Duplessis. Paris, 1861.

Les Graveurs de portraits en France, par A. F. Didot, t. I. Paris, 1875-1877.

TABLE DES GRAVURES

Pages

Vignette, d'après Watelé, pour l'ouvrage intitulé : *Joannis Comirii e Societate Jesu Carminum, etc.* 3
Portrait de Gérard Édelinck par son fils Nicolas. 5
René de Graaf, d'après Watelé. 17
Saint François de Sales 19
Jésus-Christ et la Samaritaine, d'après Philippe de Champaigne. 21
L'Ostensoir miraculeux 23
Le Roi Salomon, d'après Philippe de Champaigne. 25
Saint Jérome, d'après Philippe de Champaigne 27
Le Sauveur portant sa croix, d'après Nicolas de Platte-Montagne. 29
Louis XIV couronné par la Victoire, d'après Watelé 33
Diane, d'après la statue de Martin Desjardins 37
L'Été, d'après la statue de Pierre Hutinot 39
Jeune fille en habit de bergère, d'après la statue de Pierre Garnier. 41
Euterpe, les Ris et les Jeux, d'après Coypel. (Vignette pour l'ouvrage intitulé : *le Cabinet des Beaux-Arts* 45
Sainte Madeleine, d'après Charles Le Brun 47
Les Quatre Cavaliers, d'après Léonard de Vinci 49
Le Duc et la Duchesse de Bourgogne 52
Marie-Thérèse, reine de France. 53
Philippe de Champaigne, d'après le portrait peint par lui-même. 55
Charles Le Brun, d'après Largillière. 57
L'abbé Bignon, d'après Cath. de la Roue 59
Bossuet, d'après Hyacinthe Rigaud 61
Fléchier, d'après Hyacinthe Rigaud 63
Nathanael Dilger 65
Dryden, d'après Kneller. 67
Ferdinand, prince-évêque de Paderborn et de Munster, d'après Michelin . . . 69
Évariste Gherardi, d'après Vivien. 70
Martin Desjardins, d'après Hyacinthe Rigaud 71
Claude de Sainte-Marthe, d'après Jouvenet 73
Robert Nanteuil, d'après un dessin de sa main 77
Madeleine de Lamoignon, d'après de Sève. 81
Moïse, d'après Philippe de Champaigne. 83
Mignard, d'après une peinture du maître 85
Le Duc de Bourgogne, d'après de Troy 89

FIN DE LA TABLE DES GRAVURES

TABLE DES MATIÈRES

Pages.

Avant-propos 3

CHAPITRE PREMIER

Naissance et enfance d'Édelinck. — Son apprentissage dans l'atelier de Corneille Galle. — Il vient compléter ses études en France. — Ses premiers ouvrages à Paris et ses relations avec Nicolas Pitau, Philippe de Champaigne et d'autres artistes flamands ou français. — Édelinck épouse la nièce de Robert Nanteuil. 11

CHAPITRE II

La *Sainte Famille* dite de *François I*er, d'après Raphael, et la *Tente de Darius*, d'après Le Brun. — Les autres planches sur des sujets de sainteté ou d'histoire gravées par Édelinck à partir de l'année 1672. — Ses principaux Portraits. 32

CHAPITRE III

Vie domestique de Gérard Édelinck. — Sa famille. — Ses derniers travaux. — Sa mort. — Coup d'œil sur l'ensemble de ses ouvrages et sur les caractères de son talent. 75

Catalogue et bibliographie. 94

Table des gravures. 95

FIN DE LA TABLE DES MATIÈRES

Paris. — Imprimerie de l'Art. E. Ménard et J. Augry. 41, rue de la Victoire.

LIBRAIRIE DE L'ART, J. ROUAM, ÉDITEUR
29, CITÉ D'ANTIN, PARIS.

LES ARTISTES CÉLÈBRES

BIOGRAPHIES, NOTICES CRITIQUES ET CATALOGUES

PUBLIÉS SOUS LA DIRECTION DE

M. EUGÈNE MÜNTZ

OUVRAGES PUBLIÉS :

DONATELLO, par **M. Eugène MÜNTZ**. Ouvrage illustré de 48 gravures. Prix : broché, 5 fr.; relié, 8 fr.; 100 exemplaires numérotés sur Japon, avec double suite de gravures, 15 fr.

FORTUNY, par **M. Charles YRIARTE**. Ouvrage illustré de 17 gravures. Prix : broché, 2 fr.; relié, 4 fr. 50; 100 exemplaires numérotés sur Japon, avec double suite de gravures, 4 fr. 50.

BERNARD PALISSY, par **M. Philippe BURTY**. Ouvrage illustré de 20 gravures. Prix : broché, 2 fr. 50; relié, 5 fr.; 100 exemplaires numérotés sur Japon, avec double suite de gravures, 6 fr.

JACQUES CALLOT, par **M. Marius VACHON**. Ouvrage illustré de 51 gravures. Prix : broché, 3 fr.; relié, 6 fr.; 100 exemplaires numérotés sur Japon, avec double suite de gravures, 7 fr. 50.

PIERRE-PAUL PRUD'HON, par **M. Pierre GAUTHIEZ**. Ouvrage illustré de 34 gravures. Prix : broché, 2 fr. 50; relié, 5 fr.; 100 exemplaires numérotés sur Japon, avec double suite de gravures, 6 fr.

REMBRANDT, par **M. Émile MICHEL**. Ouvrage illustré de 41 gravures. Prix : broché, 5 fr.; relié, 8 fr.; 100 exemplaires numérotés sur Japon, avec double suite de gravures, 15 fr.

FRANÇOIS BOUCHER, par **M. André MICHEL**. Ouvrage illustré de 44 gravures. Prix : broché, 5 fr., relié, 8 fr.; 100 exemplaires numérotés sur Japon, avec double suite de gravures, 15 fr.

ÉDELINCK, par **M. le Vicomte Henri DELABORDE**. Ouvrage illustré de 34 gravures. Prix : broché, 3 fr. 50; relié, 6 fr. 50; 100 exemplaires numérotés sur Japon, avec double suite de gravures, 10 fr. 50.

EN PRÉPARATION :

LES AUDRAN, par **M. Georges DUPLESSIS**, *Conservateur des Estampes à la Bibliothèque nationale.*
DECAMPS, par **M. Charles CLÉMENT**.
VAN DER MEER DE DELFT, par **M. Henri HAVARD**.
PHIDIAS, par **M. Maxime COLLIGNON**, *Professeur à la Faculté des Lettres de Paris.*
ANDREA DEL SARTO, par **M. Paul MANTZ**, *Directeur général honoraire des Beaux-Arts.*
VIOLLET-LE-DUC, par **M. DE BAUDOT**, *Architecte de la Commission des monuments historiques.*
DE LA TOUR, par **M. CHAMPFLEURY**, *Conservateur du Musée Céramique de Sèvres.*
REYNOLDS, par **M. E. CHESNEAU**.
MINO DA FIESOLE, par **M. COURAJOD**, *Conservateur au Musée du Louvre.*
LE BARON GROS, par **M. G. DARGENTY**, *Directeur de l'Art Ornemental.*
FRA BARTOLOMMEO, par **M. Gustave GRUYER**.
TURNER, par **M. P. G. HAMERTON**, *Directeur du* Portfolio.
BOTTICELLI, par **M. Georges LAFENESTRE**, *Commissaire général des Expositions internationales.*
JORDAENS, par **M. Paul LEROI**, *Secrétaire de la rédaction de l'Art.*
DIAZ, par **M. René MÉNARD**, *Professeur à l'École des Arts décoratifs.*
PUGET, par **M. DE MONTAIGLON**, *Professeur à l'École des Chartes.*
POLYCLÈTE, par **M. DE RONCHAUD**, *Directeur des Musées nationaux.*
EUGÈNE DELACROIX, par **M. Eugène VÉRON**, *Directeur de l'Art.*
JOHN CONSTABLE, par **M. Robert HOBART**, *Rédacteur en chef de* The Architect.
HENRI REGNAULT, par **M. Roger MARX**.
LE CORRÈGE, par **M. André MICHEL**.
PAUL VÉRONÈSE, par **M. Charles YRIARTE**.
PHILIBERT DELORME, par **M. Marius VACHON**.
KAULBACH, par **M. GRAND-CARTERET**.
Mme VIGÉE-LEBRUN, par **M. Charles PILLET**.

Paris. — Imprimerie de l'Art. E. MÉNARD et J. AUGRY, 41, rue de la Victoire.

www.ingramcontent.com/pod-product-compliance
Ingram Content Group UK Ltd.
Pitfield, Milton Keynes, MK11 3LW, UK
UKHW021554260726
13993UKWH00002B/825